Binnen zu Tisch

Leckere Bordküche für Törns auf Europas Flüssen, Seen und Kanälen

W0473392

Angela Pape
Harald Mertes

Zeichnungen:
Karsten Wohlmacher

© Quick Maritim Medien, Rechlin, Boeker Landstraße 1, D-17248 Rechlin (Müritz), ISBN 3-9806720-3-4, printed in Germany 2000, Layout, Grafik, Satz: Eva Irina Mühleck; Produktion: printzip, Tamm

Alle Rechte vorbehalten! Ohne schriftliche Erlaubnis des Verlags darf das Werk, auch nicht auszugsweise, weder reproduziert, übertragen, noch kopiert werden. Dies gilt auch für Vervielfältigungen, Übersetzungen, Mikroverfilmungen und Verarbeitungen mit mechanischen oder elektronischen Systemen.

Editorial

Warum dieses Buch geschrieben wurde

Der Erfolg einer Reise mit einem Boot hängt von vielen Faktoren ab. Einer der wichtigsten dabei ist das leibliche Wohl – Essen und Trinken. Wer als Skipper nicht will, dass ihn seine Crew am nächsten Landungssteg verlässt oder gar Pläne für eine Meuterei schmiedet, der sollte tunlichst dafür sorgen, dass die Verpflegung an Bord stimmt – in Qualität und Menge.

Wer binnen unterwegs ist – ob mit Freunden oder Familie, als Skipper oder Maat – braucht eine gute Crew. Jeder ist ein Teil der Gemeinschaft und hat seine Aufgaben an Bord zu erfüllen. Dazu gehört auch das Kochen. Mit Sicherheit ist der eine an Bord begabter als der andere oder hat schon mehrere Küchenmeilen im Logbuch, aber Kochen ist eigentlich eine Aufgabe für alle. Es geht nicht an, dass einer die ganze Reise nur durchs Bullauge der Kombüse erlebt.

Aufgaben können und sollen gerecht verteilt werden. Einkaufen, Proviant an Bord schleppen, Kartoffeln schälen und Spülen gehören im weitesten Sinne ebenfalls zum Küchendienst... und mal ehrlich, auch dem erfahrensten Skipper tut es bestimmt gut, die Verantwortung für Boot und Besatzung für einen Moment abzugeben, im Cockpit Salat zu putzen oder Knoblauch zu schälen und bei einem frischen Gläschen Weißwein die vorbeiziehende Landschaft zu genießen.

Auch wer glaubt, zwei linke Kochhände zu haben, wird überrascht sein, wie einfach es sein kann, Familie oder Freunde kulinarisch zu verwöhnen. Denn er hat einen Freund – einen geheimen Verführer – an Bord: den Hunger. Es ist eine alte Seefahrer-Weisheit, dass man an Bord immer Hunger hat, egal ob man gerade vor Kap Horn liegt oder den Canal du Midi runterschippert.

Und dagegen sollten Sie etwas tun. Jetzt gleich, auf dass auch Ihr Schiff zu einem glücklichen wird und Ihnen Ihre Crew mit leerem oder vollem Magen zur Seite steht.

Wir jedenfalls wünschen Ihnen, dass es Ihnen allen während Ihrer Reise an Bord gut geht und dass das Revier auch kulinarisch ein unvergessliches Abenteuer wird.

Angela Pape
Harald Mertes

Liebe Bootsfreunde,

eigentlich ist das Kochen an Bord fast genauso wie zu Hause. Wichtigste Zutat: jede Menge Spaß – in Scheiben, gewürfelt, untergehoben, verrührt, roh oder al dente.

Der einzige Unterschied ist vielleicht die Tatsache, dass es an Bord etwas enger zugeht als zu Hause und dass man meist improvisieren muss oder – ich würde sogar sagen – improvisieren darf.

An Bord weiß man nie so genau, welche Zutaten für das Rezept auf dem fremden Markt zu finden sind. Aber wie gesagt, in der Kombüse kann man spielend und bootfahrend A durch B ersetzen. Und wenn dann noch etwas fehlt, wie wäre es vielleicht mit einer Prise C? Kein Problem, ich bin überzeugt davon, dass Sie mit dem Kochbuch von Angela Pape und Harald Mertes, die beide auch schon bei mir in der Küche gestanden haben, Ihre Crew in jeder Bucht oder jeder Schleuse satt und glücklich kochen werden. Und wer dann noch meckert, der wird ganz einfach kielgeholt – oder er muss spülen.

Noch ein Tipp für die große Fahrt: Bei allem, was Sie planen, einkaufen und kochen, denken Sie immer daran, es ist noch nie ein perfekter Koch vom Himmel gefallen.....aber ins Wasser.

Immer eine topfbreite Wasser unter dem Kiel wünscht Ihnen Ihr

Alexander Herrmann

(Fernsehkoch und Küchenchef in Herrmann`s Posthotel Wirsberg)

Inhaltsverzeichnis

Ausrüstungstipps

Dinge, die dem Smut das Leben erleichtern

Wer auf eigenem Kiel unterwegs ist, hat mit Sicherheit seine Bordküche im Griff. Die Ausrüstung ist perfekt und die Aufgaben in der Kombüse sind mehr oder weniger gerecht verteilt. Ein glückliches Schiff.

Wer aber ein Boot chartert, lässt sich immer auf ein Abenteuer ein. Länge und Breite, Leistung des Motors, Kojenzahl und Warmwasser, alles steht im Katalog und im Chartervertrag. Wie aber ist die schwimmende Küche ausgerüstet? Die nautisch-kulinarische Wahrheit sieht eher traurig aus: Die Teflonpfanne hat ein vielfältiges Kratzmuster in der Anti-Haft-Beschichtung, der Korkenzieher, oftmals verbogen und gerichtet, hat schon Tausende von Flaschenkorken gequält, die Küchenmesser wurden auf Holz und Tampen missbraucht und verweigern die Arbeit auf dem Schneidebrett, und überhaupt: Wie soll man in einem viel zu kleinen Topf Kartoffeln für acht Leute kochen?

Die Realität zeigt, dass die Küchen an Bord von Charteryachten fast immer und überall zu mager ausgestattet sind.

Aber da hilft sich der erfahrene Wasserfahrensmann mit seiner eigenen Kombüsenkiste:

- ✔ Knoblauchpresse
- ✔ Korkenzieher
- ✔ eigene Messer und Wetzstahl
- ✔ Schere
- ✔ Käsereibe
- ✔ Kartoffelstampfer
- ✔ Schneebesen
- ✔ Salatschleuder
- ✔ Eierpicker

- ✔ Eieruhr
- ✔ Pfeffer- und Salzmühle
- ✔ Satz Grundgewürze (siehe unten)
- ✔ Öl und Essig
- ✔ gute Pfanne
- ✔ Holzspachtel
- ✔ mittelgroßes Haarsieb (Durchmesser etwa 20 cm)
- ✔ Zitronenpresse
- ✔ kleine Küchenwaage
- ✔ Topflappen/Topfhandschuhe
- ✔ Tablett
- ✔ Thermo-Hüllen für Bierdosen und Weinflaschen
- ✔ Thermo Mugs
- ✔ Thermo-Einkaufstasche
- ✔ Backpapier, Alu- und Frischhaltefolie
- ✔ Zellstoff-Küchentücher von der Rolle
- ✔ verschließbare Plastikbehälter
- ✔ Gefrierbeutel zum Aufheben von Resten

Tipp:

Grundgewürze

- Pfeffer
- Salz
- Paprikapulver scharf und edelsüß
- Muskatnuss gerieben
- getrocknete Kräuter der Provence
- Gewürznelken
- Zimt
- getrocknete Lorbeerblätter
- Curry mild
- Chilipulver oder Cayennepfeffer
- Ingwer gemahlen
- Koriander gemahlen
- Kümmel gemahlen
- getrockneter Majoran

Zu den Rezepten

Grundlage für die folgenden Rezepte ist eine normale Bootskombüse mit zwei bis vier Flammen und Backofen. Die Zubereitung der Gerichte wird – bei aktiver Hilfe der Crew – im Regelfall nicht länger als eine halbe Stunde dauern. Wir haben auf die Angabe von Zubereitungszeiten verzichtet, weil ein Highspeed-Smut schneller brutzelt als ein ruhesuchender Gemütsmensch und es sich in den unterschiedlichen Pantries nicht gleich gut kochen lässt. Deshalb ist es ratsam, sich zuerst das Rezept komplett durchzulesen und vorbereitende Tätigkeiten (Zwiebeln schnippeln, Kartoffeln schälen) rechtzeitig an die Mannschaft zu deligieren. Die angegebenen Mengen sind für eine hungrige Vierercrew bemessen.

Der Schwierigkeitsgrad der Rezepte wird mit Symbolen angezeigt: Der Matrose (ein Stern) kocht die einfacheren Gerichte, der Bootsmann (zwei Sterne) bereitet die etwas aufwendigeren Leckereien zu und der kochende Kapitän (drei Sterne) ist für die anspruchsvollen Mahlzeiten zuständig. Wenn bei einem Rezept der Backofen zum Einsatz kommt, erscheint das Symbol eines Herdes mit hungrig geöffneter Backofentür.

Natürlich kann mit jedem Rezept gespielt und experimentiert, Reste vom Vortag verarbeitet oder eigene Ideen eingebracht werden. Meist geschieht dies dann auch zum Wohle der Bordkasse und der Crew.

Die Rezepte in diesem Kochbuch sind nach Ländern gegliedert; aber warum nicht einmal in Holland ein Gericht aus deutschen Landen kochen oder in Irland einen Fisch mit Kräutern der Provence verfeinern? Bootfahren ist international und so ist auch die Küche in diesem Kochbuch an kein direktes Gewässer gebunden.

Viel Spaß am Kochen und einen guten Appetit, wenn Sie sich Binnen zu Tisch setzen!

Rezeptverzeichnis

Frankreich

Rezeptverzeichnis

Holland

Irland

Rezeptverzeichnis

Deutschland

Frankreich

Kochen mit Liebe und Knoblauch

Schlemmen wie Gott in Frankreich... Natürlich stellt man sich den lieben Gott nicht mit einer vom Wein geröteten Nase oder in eine Knoblauchwolke eingehüllt vor. Wäre er aber Franzose, könnte das schon eher passen. Wie dem auch sei, es stimmt auf jeden Fall, dass man auf einem träge dahinfließenden Fluss oder einem romantischen französischen Kanal dem Himmel der Genüsse schon sehr nahe ist. Geschmack und Lust auf französische Küche bekommt man schon beim Bummeln über einen der vielen Märkte, die es mehrmals pro Woche selbst im kleinsten Dörfchen gibt. Hier treffen sich die Einheimischen zum Plauschen, Palavern, Probieren und Kaufen. Denn für die Franzosen beginnt das Essen schon beim Einkaufen und warum sollte das für uns Bootfahrer anders sein? Wer als Franzose nicht auf dem Markt erscheint, ist entweder verreist oder krank.

Nach einem Bummel über einen französischen Markt werden Sie schwelgen und schwärmen von den Köstlichkeiten der Region, von Pasteten und Gemüsen, von Federvieh und Eingelegtem. Allein der Käse: egal ob Kuh, Schaf oder Ziege, alles was Milch gibt, gibt sich in Frankreich ganz besondere Mühe. Von mild bis würzig – die Käsevielfalt sprengt unsere Vorstellungskraft. Wenn es nach Gebackenem riecht: stehenbleiben und zugreifen, denn die Franzosen sind wahre Teigkünstler. Ein frisches Baguette – tausendmal erfolglos kopiert - hier ein echter Genuss, weil der Bäcker dem Brot wenig Hefe und viel Zeit lässt. Pasteten und Terrinen zeigen die Kunst des Charcutier und was in buntem Federkleid an Stangen und Haken hängt, demonstriert eindrucksvoll die Treffsicherheit der Jäger.

Wenn Rucksack und Tragetaschen vollgestopft sind mit hausgezogenem Gemüse und prallreifem Obst, dann können Sie getrost behaupten, ein echtes Stück Frankreich aufs Boot zu schleppen.

Jede Region Frankreichs hat natürlich ihr ganz spezielles Gericht. Dem Elsässer sind Sauerkraut, Münsterkäse und Flammenkuchen heilig, im Norden liebt man Fisch und Äpfel und in der Provence kann man sich ein Essen ohne reichlich Knoblauch, Olivenöl und duftende Kräuter gar nicht vorstellen.

In einem sind sich allerdings alle Franzosen einig: Es sind die einfachen, aber guten Dinge im Leben, die glücklich machen. Dazu braucht man vier Dinge: Wein, Brot, Knoblauch und Liebe. Letztere ist kaum auf dem Wochenmarkt erhältlich, kommt aber immer wieder von ganz alleine, wenn die Zunge nur zufrieden ist. Und das sei garantiert bei den folgenden Rezepten aus Frankreichs Landen.

Also Baskenmütze auf und... „Bon appetit!"

Frère Jacques

Französische Zwiebelsuppe

Zutaten

1 kg Zwiebeln
2 EL Mehl
1,5 l Brühe
Olivenöl
8 Knoblauchzehen
8 dicke Scheiben Baguette
100 g würziger geriebener Käse
Pfeffer, Salz

Zubereitung

Zwiebeln in dünne Ringe schneiden, in Olivenöl glasig dünsten. Mehl darüber stäuben, salzen und pfeffern. Brühe angießen und 20 Minuten köcheln lassen. Baguettescheiben mit Olivenöl bestreichen, gehackten Knoblauch darüber streuen und im Backofen knusprig rösten. Brot herausnehmen, Käse drüberstreuen, nochmals in den Backofen geben, bis der Käse zerlaufen ist. Je 2 Brotscheiben auf einer Suppenportion zu Wasser lassen.

Rotes Meer

Kalte Tomatensuppe

Zutaten

4 Scheiben Baguette
8 große Tomaten
1 Salatgurke
1 Zwiebel
1 grüne Paprika
4 Knoblauchzehen
4 EL Olivenöl
2 EL Balsamico-Essig
2 EL Tomatenmark
4 Eier
Kräuter (frisch oder getrocknet)
Pfeffer, Salz
grüne Oliven

Zubereitung

Brot entrinden, zusammen mit Tomaten, Gurke, Zwiebel, Paprika, Kräutern und Knoblauch klein hacken. In etwas Wasser weich kochen. Mit einer Gabel durch ein Sieb streichen. Olivenöl, Balsamico-Essig und Tomatenmark dazugeben, pfeffern und salzen. Eine Stunde in den Kühlschrank stellen. Eier hart kochen und würfeln, mit den Oliven als Treibgut in die Suppe geben, kalt servieren.

Dazu

Baguette

Pot de Poisson

Fischtopf mit Fenchel und Möhren

Zutaten

500 g Fischfilets (z. B. von Barbe oder Brasse)
250 g Garnelenschwänze
500 g Fenchel
250 g Möhren
1 Zwiebel
4 Knoblauchzehen
1/4 l trockener Weißwein
1/2 l Brühe
Zitronensaft, Olivenöl
Muskat, Pfeffer, Salz

Zubereitung

Fein geschnittene Zwiebel und Knofi im Öl glasig werden lassen. In Streifen geschnittenen Fenchel und grob geraspelte Möhren dazugeben, mit Weißwein und Brühe auffüllen und 10 Minuten köcheln lassen. Währenddessen Fischfilets würfeln, zusammen mit den Garnelen in den Eintopf geben und noch 5 Minuten bei kleiner Hitze gar ziehen lassen. Mit Zitronensaft, Muskat, Salz und Pfeffer abschmecken.

Dazu

Baguette mit Knoblauchbutter

Saint Tropez

Fischsteaks mit Tomaten und Bohnen

Zutaten

4 Thunfisch- oder Schwertfischsteaks (à 200 g)
4 Tomaten
500 g grüne Bohnen
100 g schwarze Oliven
8 Knoblauchzehen
Kräuter der Provence
Olivenöl, Salz, Pfeffer

Zubereitung

Fischsteaks mit Zitronensaft beträufeln, salzen und pfeffern. Tomaten vierteln. Beides nebeneinander in eine feuerfeste Form legen, klein gehackten Knoblauch, Oliven und Kräuter darüber verteilen. Großzügig mit Olivenöl begießen und im Backofen 15 Minuten garen. In der Zwischenzeit die Bohnen 5 - 7 Minuten in Salzwasser bissfest kochen, in der Auflaufform auf dem Fisch verteilen und für weitere 5 Minuten in den Ofen geben.

Dazu

Kartoffeln

Tipp:

Wie erkennt man frische Fischfilets oder -steaks?

- Das Fleisch ist feucht und glänzend.
- Die Fischfilets liegen beim Händler nicht in eigener Flüssigkeit.
- Die Ecken der einzelnen Fischstücke sind nicht ausgetrocknet.

DÎNER ROYAL

Garnelen in Rotweincreme mit Blumenkohl

Zutaten

500 g gekochte Garnelenschwänze
1 Blumenkohl
4 Schalotten
1 Becher Sahne
1/8 l Rotwein
1/8 l Portwein
2 EL Balsamico-Essig
100 g Butter
Salz, Pfeffer

Zubereitung

Schalotten schälen und halbieren. Mit Portwein und Rotwein aufkochen und etwas reduzieren lassen. Währenddessen in Röschen geteilten Blumenkohl in Salzwasser in 5 Minuten fast gar kochen und abgießen. Sahne, Butter und Balsamico-Essig in den Weinsud einrühren, Blumenkohl und Garnelenschwänze hinzufügen und bei kleiner Hitze noch 5 Minuten ziehen lassen. Mit Salz und Pfeffer abschmecken.

Wird perfekt mit frischem Landbrot und Sekt oder Schampus!

Scampis à la Cantaloupe

Garnelen mit Porree und Melone

Zutaten

16 gekochte Garnelenschwänze
4 dünne Stangen Porree
1 kleine Honigmelone
4 Schalotten
4 Knoblauchzehen
1/8 l Sherry
1 Becher Sahne
Olivenöl
Salz, Pfeffer, eventuell Zucker

Zubereitung

Melonenfleisch würfeln, Porree in Ringe schneiden. Schalotten und Knofi fein hacken, beides im Öl glasig dünsten, Porree hinzufügen. Mit Sherry ablöschen, Sahne unterrühren und kurz aufkochen. Garnelen in die Sauce geben und bei kleiner Hitze 5 Minuten ziehen lassen. Zuletzt die Melonenwürfel dazugeben und umrühren. Eine weitere Minute auf kleiner Flamme durchziehen lassen.

Ideale Ergänzung

Frisches Brot und gut gekühlter trockener Weißwein

Jaune et Noir

Kartoffelomelette mit Thuna-Olivenpaste

Zutaten

Omelette
2 große gekochte Kartoffeln
2 Scheiben Schinkenspeck
1 Zwiebel
2 Knoblauchzehen
6 Eier
Olivenöl
Salz, Pfeffer

Paste
1 große Dose
Thunfisch (250 g
Abtropfgewicht)
100 g schwarze Oliven
2 EL Kapern
Petersilie
Olivenöl, Zitronensaft

Zubereitung

Für die Paste Oliven eventuell entsteinen, klein schneiden und dann mit der Gabel zermusen. Thunfisch, Kapern und gehackte Petersilie untermischen; mit Olivenöl und Zitronensaft abschmecken.

Für das Omelette die Zwiebel klein schneiden und den Knoblauch hacken. Eier verquirlen und mit Salz und Pfeffer würzen. Fein gehackten Schinkenspeck in der Pfanne auslassen, Zwiebel und Knofi dazugeben und glasig dünsten, grob gewürfelte Kartoffeln hinzufügen und anbraten. Mit den Eiern übergießen und stocken lassen. Paste auf das Omelette streichen und mit frischem Baguette servieren.

Au Vieux Port

Thunfischsteaks mit Calvados-Äpfeln

Zutaten

4 Thunfischsteaks (à 200 g)
4 Äpfel
1/8 l Apfelsaft
1/8 l Calvados
Thymian
Zitronensaft
Olivenöl, Butter
Salz, Pfeffer, Zucker

Zubereitung

Die Thunfischsteaks salzen, mit Zitronensaft beträufeln und beiseite stellen. In der Pfanne 1 EL Zucker in 2 EL Butter bei mittlerer Hitze karamelisieren lassen. Die entkernten, ungeschält in Spalten geschnittenen Äpfel hinzufügen, mit den Thymianblättchen bestreuen, salzen und pfeffern. Mit dem Calvados ablöschen. Dann mit dem Apfelsaft übergießen und zugedeckt in 6 - 8 Minuten weich schmoren. Währenddessen die Thunasteaks im Olivenöl goldbraun braten, mit den Schmoräpfeln servieren.

Dazu

Knuspriges Landbrot und ein trockener Weißwein

Café au Port

Fischfilets in Sherrycreme mit Speckkartoffeln

Zutaten

8 Fischfilets (à 150 g)
(z. B. von Barbe oder Brasse)
1 kg Kartoffeln
250 g Schinkenspeck
1 Knoblauchknolle !!!
4 Schalotten
1/8 l Weißwein
1/8 l Sherry
1 Becher Sahne
Thymian
Olivenöl
1 EL Instant-Brühe
1 Lorbeerblatt
Salz, Pfeffer, Zucker

Zubereitung

Kartoffeln gewaschen, ungeschält in 2 cm dicke Scheiben schneiden und nebeneinander auf ein mit Backpapier ausgelegtes Backblech legen. Salzen und pfeffern, mit Thymianblättchen bestreuen und Olivenöl darüber träufeln. Im Ofen etwa 30 Minuten backen. Danach gewürfelten Speck auf den Kartoffeln verteilen und im Ofen kurz knusprig braten.

Für die Creme fein gehackten Knoblauch und Schalotten im Öl braten, Lorbeerblatt und Instant-Brühe dazugeben, dann Weißwein, Sherry und Sahne angießen. Etwa 3 Minuten einkochen lassen, dann mit Salz, Pfeffer und Zucker abschmecken.

Die Fischfilets salzen und pfeffern und im Olivenöl braten. Mit Zitronensaft beträufeln und zu Kartoffeln und Creme servieren.

Dazu

Nur viel Weißwein, sonst nix!

Pieks des Crevettes

Garnelenspieße

Zutaten

500 g gekochte Garnelenschwänze
200 g Schinkenspeck
Semmelbrösel
Petersilie
Olivenöl
12 Schaschlikspieße
Pfeffer, eventuell Salz

Zubereitung

Speck in dünne Scheiben schneiden und abwechselnd mit den Garnelen flach auf die Spieße stecken. Spießchen in Semmelbröseln wälzen und in Olivenöl braten. Pfeffern, eventuell auch salzen und mit gehackter Petersilie servieren.

Dazu

Knuspriges Baguette und Tomatensalat

Tipp:

Trocken halten

Reservestreichhölzer für alle Fälle in einem festverschließenden Zip-Lock-Plastikbeutel, in einem kleinen Glas mit Schraubdeckel oder in einer runden Tupperdose aufbewahren.

La Rochelle

Muschelgratin

Zutaten

1 kg frische Mies- oder Venusmuscheln
250 g Champignons
1 Möhre
1 kleines Stück Sellerie
1 dünne Stange Porree
4 Schalotten
8 Knoblauchzehen
1/4 l Weißwein
1 Becher Crème fraîche
150 g Semmelbrösel
Butter
Salz, Pfeffer, Muskat
Petersilie

Zubereitung

Die Semmelbrösel in Butter bräunen und zur Seite stellen. Knofi und Schalotten, beides fein gehackt, in Butter glasig werden lassen. Champignons in dünne Scheiben schneiden. Sellerie, Porree und Möhre fein würfeln. Gemüse zum Knofi-Schalöttchen-Cocktail geben und anbraten. Weißwein angießen, aufkochen und die Muscheln darin dünsten, bis sie sich öffnen. Muscheln, die sich nicht öffnen, wegwerfen. Dann die Muscheln aus der Schale lösen, das Fleisch wieder zurück in den Sud geben. Mit Salz, Pfeffer und viel Muskat würzen, die Crème fraîche hinzufügen und erwärmen. Fein geschnittene Petersilie unterrühren. Erst bei Tisch die Semmelbrösel über das Gericht geben.

Dazu

Brot und Wein (um die Muscheln schwimmen zu lassen)

Suleika

Möhrenpfanne mit Salami

Zutaten

250 g Salami
500 g Möhren
2 Zwiebeln
4 Knoblauchzehen
Olivenöl
1 TL Zimt
200 g Rosinen
50 g Pinienkerne (ersatzweise Sonnenblumenkerne oder Mandeln)

Zubereitung

Pinienkerne rösten und beiseite stellen. Möhren in Wasser fast gar kochen, dann in Scheiben schneiden. Zwiebeln und Knoblauch kleinschneiden. Salami würfeln und im Olivenöl anbraten. Knoblauch und Zwiebeln hinzufügen und glasig dünsten. Möhren und Rosinen mit in die Pfanne geben. Mit Zimt, Pfeffer und Salz würzen. Pinienkerne darüber streuen.

Dazu

Kartoffelomelette

Kikeriki à la française

Hähnchen mit Kichererbsen

Zutaten

1 Hähnchen (1,5 kg) oder eine entsprechende Menge Hähnchenteile
1 Dose Kichererbsen
200 g Salami
4 Pfirsiche (eventuell aus der Dose)
4 Tomaten
2 rote Paprika
1 Zwiebel
4 Knoblauchzehen
1/4 l Brühe
1 Glas Weißwein
Olivenöl, Pfeffer, Salz

Zubereitung

Hähnchen teilen und anbraten. Zur Seite stellen. Kleingehackte Paprika, Zwiebel und Knofi in Öl glasig dünsten, halbierte Tomaten, Pfirsiche, Wein und Brühe dazugeben. 10 Minuten offen dünsten. Hähnchenteile und Kichererbsen mit in den Topf geben.

Zugedeckt 1 Stunde köcheln lassen. Salami würfeln, dazugeben und noch 5 Minuten mitgaren lassen.

Dazu

Reis oder Baguette

Titte de Poulet

Hühnerbrust in Kräutersahne

Zutaten

4 Hühnerbrustfilets
4 Stangen Porree
1/4 l Weißwein
1 Becher Sahne
Olivenöl
frische Kräuter vom Markt oder getrocknete Kräuter
Mehl, Pfeffer, Salz

Zubereitung

Filets pfeffern, salzen und in Olivenöl braten. Herausnehmen, in Alufolie wickeln und warm halten. In Ringe geschnittenen Lauch in den Bratensatz geben, mit Mehl bestäuben und anschwitzen. Wein und gehackte Kräuter dazu geben und 10 Minuten offen köcheln lassen. Sahne einrühren und kurz aufkochen. Pfeffern und salzen und mit den Filets servieren.

Dazu

Bandnudeln

Tipp:

Küchendunst

Lästigen Kochgeruch in Pantry oder Salon wird man durch gute Belüftung leicht los. Soll es schneller gehen, erhitzt man etwas Bohnenkaffeepulver in einem Pfännchen.

Bœuf besoff

Rindfleisch in Rotwein

Zutaten

1 kg Rindergulasch
4 Scheiben Schinkenspeck
500 g Champignons
15 Schalotten
4 Knoblauchzehen
1/4 l Rotwein
Thymian
1 EL Meerrettich (aus dem Glas)
Olivenöl
Mehl
Salz, Pfeffer

Zubereitung

Fleischstücke im Olivenöl anbraten und aus dem Topf nehmen. Klein geschnittenen Schinkenspeck auslassen, Schalotten und halbierten Knofi mit anbraten. Mit etwas Mehl bestäuben. Angebratenes Fleisch, Rotwein, Thymian und Meerrettich dazu geben. 1 Stunde zugedeckt köcheln lassen. Dann Champignons unter das Fleisch rühren und noch 30 Minuten offen kochen lassen.

Dazu

Pellkartoffeln

Cassoulet Carcassonne

Französischer Fleischtopf

Zutaten

100 g Schinkenspeck
250 g Hühnerbeine
250 g Lammfleisch
250 g Schweinelende
250 g Rindergulasch
100 g Salami
1 Dose weiße Bohnen
4 Tomaten
1 Stück Sellerie
2 Zwiebeln
6 Knoblauchzehen
1/4 l Weißwein
Thymian
2 Lorbeerblätter
4 Nelken
Olivenöl
Mehl
Salz, Pfeffer

Zubereitung

Alle Fleischteile würfeln, jede Fleischsorte für sich in Öl scharf anbraten und zur Seite stellen. Im Bratensud gewürfelte Zwiebeln, Knoblauch und Sellerie dünsten. Mit Mehl bestäuben. Gewürfelte Tomaten, Thymian, Lorbeer, Nelken und Wein dazugeben. 10 Minuten offen köcheln lassen. Dann die Fleischstücke wieder in den Topf geben und zugedeckt 1 Stunde bei kleiner Flamme garen. Klein gewürfelte Salami und Bohnen unterrühren und noch 15 Minuten zugedeckt köcheln lassen.

Dazu

Frisches Brot und jede Menge Rotwein

Bistro de Paris

Pfeffersteak

Zutaten

4 Rumpsteaks
2 Knoblauchzehen
2 Schalotten
4 EL grüne Pfefferkörner
1/8 l Sherry oder Cognac
1/8 l Brühe
1 Becher Sahne
Palmin
Petersilie
Mehl, Salz

Zubereitung

Steaks im Palmin medium braten, herausnehmen, in Alufolie wickeln und warm halten. Fein gehackten Knofi und Schalotten im Bratensatz glasig dünsten, Mehl darüber stäuben, Sherry oder Cognac und Brühe angießen und 5 Minuten köcheln lassen. Pfefferkörner mit einer Gabel leicht zerdrücken, zusammen mit der Sahne in die Sauce geben und aufkochen.

Dazu

Bratkartoffeln und grüne Bohnen oder Broccoli

Agneau Château

Lammgeschnetzeltes mit Zucchini

Zutaten

750 g Lammfleisch
500 g Zucchini
2 Zwiebeln
4 Knoblauchzehen
1/4 l Brühe
1 Becher Crème fraîche
Rosmarin
Olivenöl
Zitronensaft
Salz, Pfeffer, Zucker

Zubereitung

Knofi klein hacken, Zwiebeln in Scheiben schneiden, Zucchini in 5 cm lange Streifen schneiden. Lammfleisch ebenfalls in Streifen schneiden, salzen und pfeffern und dann scharf anbraten. Fleisch aus dem Topf nehmen. Knofi und Zwiebelscheiben im Bratfett glasig werden lassen. Zucchini und fein geschnittenen Rosmarin dazugeben und anbraten. Mit Brühe und Crème fraîche auffüllen, Fleischstreifen untermischen und 10 Minuten auf kleinster Flamme köcheln lassen. Mit Salz, Pfeffer, einer Prise Zucker und Zitronensaft abschmecken.

Dazu

Kartoffeln, Nudeln oder Reis

GACK GACK AU CITRON

Zitronenhuhn

Zutaten

1 Huhn (1,5 kg)
8 Knoblauchzehen
2 Eier
1 unbehandelte Zitrone
1/8 l Weißwein
Rosmarin
Olivenöl
Salz, Pfeffer

Zubereitung

Huhn in kleine Stücke teilen, pfeffern, salzen und im Olivenöl anbraten. Hühnerstücke aus dem Topf nehmen. Die Zitrone auspressen und den Saft zur Seite stellen. Zitronenschale abreiben und mit Knofi und Rosmarin, beides fein gehackt, im Bratfett dünsten. Hühnerteile wieder dazugeben, Weißwein angießen und im geschlossenen Topf auf dem Herd 20-30 Minuten schmoren, dann von der Flamme ziehen und leicht abkühlen lassen. Den Zitronensaft mit den Eiern verquirlen und unter das Hühnergericht rühren.

Leckere Ergänzung

Kartoffeln und Tomaten-Paprikagemüse mit Zwiebeln

Wutz Noisette

Schweineschnitzel mit Mandelsauce

Zutaten

4 Schweineschnitzel
150 g fein gemahlene Mandeln
100 g Mandelblättchen
1/8 l Brühe
1 Becher Sahne
4 EL Portwein
4 EL Semmelbrösel
Olivenöl
1 TL Zimt
Salz, Pfeffer

Zubereitung

Die Schnitzel salzen, pfeffern und im Olivenöl braten. Herausnehmen, in Alufolie wickeln und warm halten. Paniermehl im Bratfett braun werden lassen, fein gemahlene Mandeln und Zimt einrühren. Brühe und Portwein dazugeben und 2 Minuten bei kleiner Hitze eindicken lassen. Mit Sahne auffüllen und Mandelblättchen einstreuen. Aufkochen lassen. Die Sauce mit Salz und Pfeffer abschmecken und zum Fleisch servieren.

Dazu

Kartoffelpüree

Hôtel Dijon

Schweinefilet in Senfsauce

Zutaten

4 Schweinemedaillons
2 Scheiben Schinkenspeck
2 Schalotten
4 Knoblauchzehen
1/8 l Weißwein
1/8 l Brühe
1 Becher Sahne
4 EL Dijon-Senf
Thymian
Palmin
Mehl
Salz, Pfeffer

Zubereitung

Medaillons salzen und pfeffern, in Palmin braten, aus der Pfanne nehmen, in Alufolie gewickeln warm halten. Klein geschnittenen Schinkenspeck im Bratfett auslassen, klein gehackte Knofizehen und Schalotten dazugeben und glasig dünsten. Etwas Mehl darüber stäuben und anbräunen. Wein und Brühe angießen, Thymianblättchen einrühren und kurz köcheln lassen, bis die Sauce etwas eingedickt ist. Senf und Sahne hinzufügen und aufkochen, mit Salz und Pfeffer abschmecken. Filets mit der Sauce übergießen.

Dazu

Brokkoli, in Butter geschwenkt, mit Kartoffeln oder Bandnudeln

Coq Avignon

Provençalisches Huhn

Zutaten

1 Huhn (ca. 1,5 kg)
Salbei, Thymian und Rosmarin
8 Knoblauchzehen
0,2 l Weißwein
Olivenöl
Salz, Pfeffer

Zubereitung

Huhn zerteilen. Gepressten Knoblauch mit gehackten Kräutern und Olivenöl, Salz und Pfeffer verrühren und das Federvieh damit einreiben. Dann anbraten, Weißwein angießen, Deckel auflegen und auf dem Herd 20 - 30 Minuten köcheln lassen.

Dazu

Butternudeln und gedünstete Möhren

Gratin Fricadelle

Gemüse-Hackfleisch-Auflauf

Zutaten

1 kg Gemüse (zum Beispiel Auberginen, Zucchini oder Paprikaschoten)
500 g Tomaten
500 g Hackfleisch
4 Knoblauchzehen
2 Zwiebeln
250 g geriebener Käse
1/8 l Weißwein
Olivenöl, Butter
Kräuter der Provence, Salz, Pfeffer

Zubereitung

Auberginen oder Zucchini in 1 cm dicke Scheiben, Paprika in große Stücke schneiden. Gemüse in Olivenöl braten; salzen, pfeffern und aus der Pfanne nehmen. Klein gewürfelte Zwiebeln und Knofizehen im Bratfett glasig werden lassen. Dann das Hackfleisch dazugeben und krümelig braten. Mit Salz, Pfeffer und den Kräutern würzen. Zerkleinerte Tomaten und Weißwein hinzufügen und etwa 5 Minuten sämig einkochen. Eine gefettete Auflaufform mit der Hälfte der Fleisch-Tomatensauce füllen, darauf das Gemüse verteilen und mit dem restlichen Fleisch bedecken. Den Käse darüber streuen, mit reichlich Butterflöckchen belegen und im Ofen 25 Minuten backen.

Dazu

Frisches Brot und viel Wein!

Bistro Concarneau

Provençalische Fleischküchlein mit Tomaten-Kartoffelgratin

Zutaten

Küchlein
500 g Hackfleisch
3 Scheiben alt-
backenes Baguette
1 großes Ei
1 kleine Zwiebel
4 Knoblauchzehen
150 g Oliven, entsteint
50 g Kapern
Thymian, Rosmarin, Salbei
Salz, Pfeffer, Olivenöl

Gratin
1 kg Kartoffeln
500 g Tomaten
1 Becher Sahne
2 Eier
250 g geriebener Käse
Butterflocken
Salz, Pfeffer

Zubereitung

Für das Gratin die Kartoffeln schälen und in dünne Scheiben schneiden. In eine gefettete Auflaufform geben. Sahne und Eier verquirlen, mit Salz und Pfeffer würzen und darüber gießen. Mit in Scheiben geschnittenen Tomaten belegen, Käse darüber streuen und Butterflöckchen darauf verteilen. 40 Minuten im Ofen backen. Für die Küchlein das Baguette einweichen, ausdrücken und zerkleinern. Hackfleisch mit Brotmasse, Ei, gehackten Kräutern, klein geschnittenen Oliven und Kapern sowie fein gewürfelter Zwiebel-Knoblauchmischung verkneten. Mit Salz und Pfeffer würzen. Kleine Küchlein formen und kross braten.

Dazu

Baguette, Rotwein und Salat

Kikeriki Chili

Feurige Eier-Salami-Pfanne

Zutaten

6 Eier
300 g würzige Salami
500 g Tomaten
1 rote Paprikaschote
4 EL Tomatenmark
1 rote Peperoni
1 Zwiebel
4 Knoblauchzehen
Olivenöl
Salz, Pfeffer

Zubereitung

Die Salami in dünne Scheiben schneiden und in einer Pfanne in Olivenöl kross braten. Die Wurst herausnehmen, fein gehackte Zwiebel und Knofi im Bratfett glasig dünsten. Klein geschnittene Peperoni und Paprika dazugeben und anbraten. Grob zerkleinerte Tomaten und Tomatenmark hinzufügen und etwas einkochen lassen, dann salzen und pfeffern. Die verquirlten und mit Salz und Pfeffer gewürzten Eier auf die Tomatenmasse geben. Die Pfanne mit Alufolie oder einem Deckel abdecken und die Eimasse stocken lassen. Den Pfanneninhalt mit den Salamischeiben belegen und servieren.

Dazu

Kartoffeln, in Folie im Backofen gegart, oder Brot und würziger Käse

Pont d'Avignon

Hähnchenbrust im Linsenbett

Zutaten

4 doppelte Hühner-
brustfilets
500 g Linsen
100 g Rosinen
1 großer Apfel
2 Möhren
4 Schalotten
4 Knoblauchzehen
1/2 l Brühe
1 Becher Crème fraîche
Weißwein
Zitronensaft
Thymian, Rosmarin, Salbei
Olivenöl
Salz, Pfeffer

Zubereitung

Die Linsen über Nacht einweichen, dann das Wasser abgießen und in der Brühe etwa 45 Minuten kochen (entfällt bei Linsen aus der Dose, die nur erwärmt werden müssen). In der Zwischenzeit fein gehackten Knofi und Zwiebel in Olivenöl glasig werden lassen. Halbierte Rosinen, zerkleinerte Kräuter und in kleine Würfel geschnittene Möhren hinzufügen und kurz anbraten. Mit etwas Weißwein ablöschen. Die gekochten Linsen (oder die aus der Dose), klein gewürfelten Apfel und die Crème fraîche dazugeben und kurz aufkochen. Mit Zitronensaft, Salz und Pfeffer abschmecken und warmhalten. Die Hähnchenfilets salzen und pfeffern, im Olivenöl braten und auf dem Linsengemüse servieren.

Dazu

Nur Flüssiges wie Weißwein oder Cidre (französischer Apfelwein), denn das Gericht haut rein!

Madame Midi

Grüner Salat mit Orangen

Zutaten

4 Orangen
1 großer grüner Salat
1 rote Zwiebel
100 g schwarze Oliven
6 EL Olivenöl
6 EL Balsamico-Essig
2 EL Zucker
1 Knoblauchzehe
50 g Pinienkerne, ersatzweise Mandeln
Pfeffer und Salz

Zubereitung

Für das Dressing Öl, Essig, Zucker, Pfeffer und Salz verrühren. Knoblauch pressen und dazugeben.

Orangen schälen. Filets aus den Innenhäuten lösen, Saft auffangen und zur Salatsauce geben. Zwiebeln in Ringe schneiden, Salat waschen und zerpflücken; beides mit Orangenfilets, Oliven und Dressing mischen. Pinienkerne oder Mandeln ohne Fett goldbraun rösten und über den Salat streuen.

Dazu

Weißbrot

Côtes de Provence

Ratatouille

Zutaten

500 g Auberginen
500 g Zucchini
500 g Tomaten
1 große Zwiebel
4 Knoblauchzehen
Olivenöl
2 EL Balsamico-Essig
0,2 l Weißwein
2 TL Zucker
Pfeffer, Salz

Zubereitung

Auberginen und Zucchini in 1 cm dicke Scheiben schneiden, mit Salz bestreuen und 30 Minuten ziehen lassen. In der Zwischenzeit Tomaten klein schneiden und zur Seite stellen. Zwiebel und Knoblauch klein hacken und in Öl anbraten. Salz von den Auberginen und Zucchini abspülen und die Scheiben trocken tupfen. Zwiebel und Knofi aus der Pfanne herausfischen, dann Zucchini und Auberginen goldbraun braten (bei Bedarf noch etwas Öl zugeben). Zwiebel und Knofi wieder in die Pfanne geben, außerdem klein geschnittene Tomaten, Wein, Essig, Zucker, Pfeffer und Salz. Eine halbe Stunde köcheln lassen.

Dazu

Frisches Brot oder Reis, Fleischfresser braten sich noch ein Lammkotelett dazu.

Pommes de Pilz

Rotweinkartoffeln mit Pilzen

Zutaten

500 g kleine Kartoffeln
250 g Champignons
10 Schalotten
4 Knoblauchzehen
1/8 l Rotwein
1/8 l Brühe
Salbei oder Rosmarin
Olivenöl
Salz, Pfeffer

Zubereitung

Rohe, ungeschälte Kartoffeln halbieren und im Olivenöl anrösten, klein geschnittenen Knoblauch und gehackten Salbei dazugeben und mitbraten. Rotwein und Brühe angießen, halbierte Schalotten hineingeben und alles 30 Minuten offen köcheln lassen. Champignons vierteln, und noch 5 Minuten bei kleiner Hitze mitgaren lassen, mit Salz und Pfeffer abschmecken.

Dazu

Rindersteaks oder Flugentenbrust

Légumes Aïoli

Geschmorter Fenchel mit Knoblauchmayonnaise

Zutaten

Gemüse
4 Fenchelknollen
8 Tomaten
2 Zwiebeln
Kräuter
Olivenöl
Salz, Pfeffer
gemahlener Anis (ersatzweise ein Schluck Pernod oder Ricard)

Mayo
8 Knoblauchzehen
2 Eigelb
1/8 l Olivenöl
2 EL Zitronensaft
Salz, Pfeffer

Zubereitung

Für die Mayo alle Zutaten Zimmertemperatur annehmen lassen und dann mit dem Schneebesen langsam zusammenrühren. Das Olivenöl tropfenweise dazugeben, bis eine glatte Creme entsteht. Knofi auspressen und in die Mayo rühren.

Für das Gemüse Fenchel und Zwiebeln in dünne Scheiben schneiden und mit den grob zerteilten Kräutern im Olivenöl weich schmoren. Tomaten in großen Stücken dazu geben und erwärmen. Dann mit Salz, Pfeffer und Anis abschmecken und mit der Mayo servieren.

Dazu

Fisch

Baguette Babette

Käse-Croutons mit Weincreme

Zutaten

Creme
1/8 l lieblicher Weißwein
1 Becher Crème fraîche
500 g Weintrauben
100 g Walnüsse
Salz, Pfeffer

Croutons
300 - 400 g Roquefort, Emmentaler oder Camembert
1 Baguette
Butter
Salz, Pfeffer

Zubereitung

Für die Creme Wein und Crème fraîche verrühren, mit Salz und Pfeffer würzen. Trauben halbieren und eventuell entkernen, Walnüsse grob hacken und beides unter die Creme ziehen.

Das Brot in dicke Scheiben schneiden und in Butter in der Pfanne rösten. Käse in Scheiben darauf legen, Pfanne zudecken und den Käse schmelzen lassen. Brotscheiben und Creme mit Sellerie- oder Möhrensalat genießen.

Orangerie

Reispfanne mit Gemüse

Zutaten

500 g Langkornreis
250 g Möhren
250 g Fenchel
2 Zwiebeln
3/4 l Brühe
1/8 l Sherry
1/8 l Orangensaft
Olivenöl
Salz, Pfeffer, eventuell Zucker

Zubereitung

Gehackte Zwiebeln im Öl glasig dünsten, ungekochten Reis dazugeben und kurz anschwitzen. Brühe, Sherry und Orangensaft angießen und zugedeckt etwa 20 Minuten auf kleinster Flamme köcheln lassen. In der Zwischenzeit das grob zerkleinerte Gemüse in Salzwasser garen. Zum Reis geben, sobald dieser die Flüssigkeit fast ganz aufgenommen hat. Mit Salz, Pfeffer und eventuell Zucker abschmecken.

Dazu

Gebratenes Huhn, Fisch oder Meeresfrüchte

Mademoiselle Suzette

Orangencreme

Zutaten

2 Orangen
1/4 l Orangensaft
0,2 l Grand Marnier
250 g Magerquark
1 Becher Crème fraîche
4 Eigelb
100 g Zucker
1 Päckchen Vanillezucker
Mandelblättchen

Zubereitung

Alle Zutaten bis auf Mandeln und Orangen miteinander verrühren. Die geschälten Orangen in kleine Stücke schneiden und unterheben. Mandelblättchen ohne Fett goldgelb rösten und über die Creme streuen. Schmeckt besonders gut mit Löffelbiskuits oder Pfannkuchen

Tipp:

Feuerlöscher

Bei der Übernahme Ihres Schiffes auf die Wartungs-Plakette des Feuerlöschers achten (dann wissen Sie auch gleich, wo der Feuerlöscher ist). Gut ist auch eine Brandschutzdecke: Sie werden sie hoffentlich nie brauchen, aber vielleicht der Nachbar am Steg.

Papillotte des Fruits

Gratiniertes Obst

Zutaten

4 reife Pfirsiche oder Nektarinen
oder 8 reife Aprikosen
2 EL Zucker
4 EL Orangen- oder Pfirsichlikör
20 g Butter
Mandelblättchen
8 Blatt Pergamentpapier (bei Aprikosen 16 Blatt)
Küchenzwirn

Zubereitung

Obst halbieren und je eine Hälfte auf einen Bogen Pergamentpapier legen. Zucker über das Obst streuen und mit Likör beträufeln. Die gehobelten Mandeln in einer Pfanne ohne Fett rösten und über dem Obst verteilen. Mit je einem einem Stückchen Butter belegen, im Papier einwickeln, die Enden mit Zwirn zubinden und im Backofen etwa 20 Minuten backen.

Lecker dazu

Vanille- oder Schokoeiscreme schleckern

Black Beauty

Crème au chocolat

Zutaten

2 Eigelb
25 g Zucker
2 Tafeln Zartbitterschokolade
2 EL Rum
1 Becher Sahne

Zubereitung

Schokolade im Wasserbad schmelzen und abkühlen lassen, bis sie gerade noch flüssig ist. Eigelb und Sahne Zimmertemperatur annehmen lassen, beides mit Zucker und Rum verrühren. Schokomasse so untermischen, dass eine glatte Creme entsteht.

Lecker

Mit Fruchtsalat

Tipp:

Kaffeefilter

Sind die Papierfiltertüten ausgegangen oder passen von der Größe her nicht, kann man Ersatzfilter aus Küchenrolle falten. Dann aber beim Aufbrühen darauf achten, dass der Aushilfsfilter nicht umklappt.

Tipp:

Hangover nach langer Nacht

Wenn sich der abendliche Sundowner bis zum Sonnenaufgang hingezogen hat und der Skipper am nächsten Tag nur wenig Spaß am Bootfahren hat, macht ihn folgendes wieder zu einem ordentlichen Mitglied der Crew:

- möglichst vor dem Schlafengehen ein bis zwei Aspirin nehmen, sonst beim ersten Aufwachen einwerfen und noch ein bis zwei Stündchen weiterschlafen
- herzhafte Nahrung (Rührei mit Speck, Brot, Hering), kein weiterer Alkohol
- viel Mineralwasser und Säfte trinken
- ganz wichtig: einen Teelöffel Salz langsam aufschlecken.

Holland

Kühe, Käse und Kanäle

Holländische Küche? Soll das ein Witz sein? Gibt es die überhaupt? Na klar, und sie hat wirklich mehr zu bieten als Tomaten, Gurke und Frau Antje`s Gouda. Geprägt von saftigen und hochwertigen Weideflächen mit entsprechend glücklichem Milchvieh, entwickelte sich in Holland die Kaaskunst. Dieses Wort beschreibt die Fähigkeit, Milch so weiter zu verarbeiten, dass man sie in Scheiben schneiden und aufs Brot legen oder streichen kann. So entstanden auch Käsesorten *extralight*, die vorwiegend aus Löchern mit Geschmack drumherum bestehen. Auch hier gilt: Probieren geht über Studieren, Sie werden überrascht sein, wieviel besser die holländischen Käse in Holland schmecken, als die Importe aus unserem Supermarkt.

Von Salz- und Süßwasser um- und durchflossen, gibt es in Holland natürlich Fisch, Seegetier und Muscheln in großer Menge und Vielfalt. Jeder Fischhändler berät Sie gerne, ob auf dem Markt, in der Fischhalle oder in der Bude neben dem Büro des Hafenmeisters und er kennt auch Tricks für die Zubereitung an Bord. Unser Tipp: Die Neugier mitkochen lassen und dann die Portionen verdoppeln.

Ein absolutes Kombüsen-Muss in holländischer See- und Flusshoheit ist der geliebte Matjes, ein junger und zarter Hering, der von Mitte Mai (Hollandse Nieuwe) bis in den August hinein am besten schmeckt. Gerade recht zur Bootssaison. Er schmeckt frisch auf die Hand (Kopf in den Nacken, Fisch an der Schwanzflosse packen) aber auch auf abwechslungsreiche Art zubereitet, wie die Rezepte zeigen werden.

In Holland lebt man aber nicht von Fisch und Käse alleine, auf der Ich-esse-gerne-Liste stehen auch gutes Rindfleisch, Wurstwaren, köstliche Konfitüre, Eiergerichte und bunte Salate. Und die Tomaten schmecken hier wieder so, wie sie eigentlich sollen. Nicht übersehen darf man die holländische Vorliebe für Ragouts, Aufläufe und Eintöpfe. Sie sind Inbegriff der einfachen, aber auch vielseitigen holländischen Küche und bieten außerdem den Vorteil, dass man die Reste vom Vortag gut weiter verarbeiten kann.

Wer in Holland Boot fährt, sollte auch holländisch kochen. Es muss ja nicht gleich jeden Tag sein... Achja: Holzschuhe braucht der Koch nicht zu tragen, um die Crew satt und glücklich zu machen.

Linda de Emm

Krabben-Möhrensuppe

Zutaten

350 g gekochte Krabben
750 g Möhren
2 Zwiebeln
150 g Frischkäse
1/4 l Brühe
1/8 l Apfelsaft
1/8 l Weißwein
Butter
Salz, Pfeffer
Zucker
Dill

Zubereitung

Die fein gehackten Zwiebeln in der Butter glasig werden lassen, dann die fein gewürfelten Möhren dazugeben und andünsten. Brühe und Apfelsaft darüber gießen und zugedeckt etwa 20 Minuten köcheln lassen, bis die Möhrenwürfel zerfallen. Das Gemüse im Sud mit dem Kartoffelstampfer zermusen, dann den Weißwein und den Frischkäse unterrühren. Mit Salz, Pfeffer und etwas Zucker abschmecken. Die Krabben in der Suppe erwärmen. Mit gehacktem Dill bestreut servieren.

Dazu

Schwarzbrot mit Butter

Café Rotterdam

Gratiniertes Rotbarschfilet in Senfrahm

Zutaten

750 g Rotbarschfilet
1 Becher Crème fraîche
1/8 l Brühe
2 EL Sherry
3 EL Dijon-Senf
Mondamin (Saucenbinder)
Öl oder Butter zum Einfetten
Zitronensaft
Salz, Pfeffer
Muskatnuss
Petersilie

Zubereitung

Den Fisch salzen, pfeffern, mit Zitronensaft beträufeln und in eine gefettete Auflaufform legen. Die Brühe erwärmen, dann die Crème fraîche, Sherry und den Senf einrühren. Die Sauce mit etwas Mondamin eindicken; mit Salz, Pfeffer und Muskat abschmecken und über die Filets gießen. Im Backofen etwa 25 Minuten garen und mit der Petersilie bestreut servieren.

Dazu

Reis, Kartoffeln oder Brot

Colonie Paradis

Muscheln in Curry-Bananen-Creme

Zutaten

1 kg frische Miesmuscheln
2 Bananen
1 Becher Crème fraîche
1/2 Becher Sahne
1/2 l Weißwein
1 EL Dijonsenf
2 EL mildes Currypulver
Saft von einer Zitrone
Salz, Pfeffer

Zubereitung

Die Muscheln mit Schale im Weißwein etwa 10 Minuten garen. In der Zwischenzeit die Crème fraîche zusammen mit der Sahne erwärmen. Dann Senf, Curry und Zitronensaft einrühren und mit Salz und Pfeffer abschmecken. Die geschälten Bananen würfeln und in der Curry-Creme kurz ziehen lassen. Die Muscheln mit der Creme übergießen und servieren.

Dazu

Chicoree-Salat und Brot oder Kartoffeln

Tipp:

Tiefgekühltes transportieren

Wenn man für den Weg vom Supermarkt zum Boot keine Kühltasche hat, kann man die Ware in mehrere Lagen Zeitungspapier einwickeln. Das verlangsamt den Auftauprozess.

Popeye's Traum

Überbackene Schollenfilets auf Spinat

Zutaten

750 g Schollenfilet
1 Paket Tiefkühl-Spinat
1 Zwiebel
4 Knoblauchzehen
1 Becher Sahne
2 Eier
100 g Butterkäse in Scheiben
Butter
Zitronensaft
Salz, Pfeffer
Muskatnuss

Zubereitung

Den Spinat auftauen lassen. Fein gehackte Zwiebel und Knofi in Butter glasig werden lassen, dann den Spinat hinzufügen und 5 Minuten dünsten. Das Gemüse mit Salz, Pfeffer und Muskat würzen und die Hälfte davon in einer gefetteten Auflaufform verteilen. Die Schollenfilets mit Zitronensaft beträufeln, salzen und pfeffern und auf den Spinat nebeneinander in die Form legen. Mit dem restlichen Spinat bedecken. Eier und Sahne miteinander verquirlen, mit Salz und Pfeffer abschmecken und darüber gießen. Danach die Käsescheiben darüber verteilen und den Auflauf im Backofen 25 Minuten garen.

Dazu

Kartoffeln

Den Helder

Matjes-Krabben-Salat

Zutaten

12 küchenfertige Matjesfilets
250 g gekochte Krabben
200 g Leerdammer
4 hartgekochte Eier
200 g Sellerie
2 Birnen
200 g Mayonnaise
1 EL mittelscharfer Senf
2 EL Zitronensaft
1 TL Zucker
1/2 TL gemahlener Ingwer
Salz, Pfeffer
Dill

Zubereitung

Mayonnaise, Senf, Zitronensaft und Zucker miteinander verrühren und mit Salz und Pfeffer abschmecken. Den Sellerie fein würfeln und in Salzwasser etwa 3 Minuten garen, danach gut abtropfen und auskühlen lassen. Matjesfilets und Käse in Streifen schneiden. Birnen und Eier schälen und klein gewürfelt mit Sellerie, Käse, Matjes und den Krabben vermischen. Dann die Mayonnaise unterheben und den Salat mit gehacktem Dill servieren.

Dazu

Frisches Weißbrot

Frau Antje

Gurkensalat mit Matjes und Apfelkompott

Zutaten

Salat
2 Salatgurken
16 küchenfertige Matjesfilets
4 EL Apfelessig
8 EL Olivenöl
2 EL Zucker
Salz, Pfeffer

Kompott
750 g Äpfel
1 - 2 EL Zucker
Butter
Weißwein
Ingwer und Koriander (beides gemahlen)

Zubereitung

Die geschälten und fein gewürfelten Äpfel in Butter kurz dünsten. Dann je nach Süße des Obstes 1 - 2 EL Zucker einrühren und etwas Weißwein angießen. Die Apfelwürfel auf kleiner Flamme köcheln lassen, bis sie zerfallen (je nach Apfelsorte kann das zwischen 2 und 15 Minuten dauern). Das Kompott mit Ingwer und Koriander abschmecken und abkühlen lassen.

Für den Salat die Gurken ungeschält in dünne Scheiben schneiden, die Matjesfilets in schmale Streifen teilen. Aus Essig, Olivenöl, Zucker, Salz und Pfeffer eine Vinaigrette rühren und über die Gurken und den Fisch gießen. Mit dem Apfelkompott servieren.

Dazu

Deftiges Roggenbrot oder Bratkartoffeln

Van Gogh

Kabeljau-Ragout mit Orangen

Zutaten

4 Kabeljaufilets
500 g Kartoffeln
1 Salatgurke oder 2 Zucchini
2 Orangen
2 Zwiebeln
1/2 Becher Sahne
Zitronensaft
Butter
Salz, Pfeffer
Petersilie

Zubereitung

Die Kartoffeln in Salzwasser knapp gar kochen, danach pellen und in große Würfel schneiden. Salatgurke oder Zucchini in etwa 1 cm dicke Scheiben schneiden, salzen, 30 Minuten weinen, das heißt Wasser ziehen lassen. Dann das Gemüse abspülen und trocken tupfen. Kabeljaufilets mit Zitronensaft beträufeln, salzen und pfeffern und in breite Streifen schneiden. Fein gehackte Zwiebeln in Butter glasig dünsten, Gurken/Zucchini dazugeben und anbraten. Fischstreifen und Kartoffelwürfel hinzufügen, den Saft einer Orange und die Sahne angießen und bei kleiner Flamme im offenen Topf 5 Minuten köcheln lassen. Die Filets der anderen Orange halbieren, in den Topf geben und erwärmen. Das Ragout mit Salz und Pfeffer abschmecken und mit der Petersilie bestreut servieren.

Dazu

Frisches Weißbrot

Nordsee-Nixe

Fischröllchen mit Aprikosen-Möhrenfüllung

Zutaten

750 g lange, dünne Seelachsfilets
3 Möhren
3 Aprikosen (frisch oder aus der Dose)
200 g Frischkäse
3 EL Sahne
Zitronensaft
Öl
Salz, Pfeffer
Muskatnuss
Zahnstocher aus Holz

Zubereitung

Die Seelachsfilets der Länge nach halbieren, mit Zitronensaft beträufeln, dann salzen und pfeffern. Frischkäse mit der Sahne verrühren, mit Salz, Pfeffer, Muskat und etwas Zitronensaft abschmecken. Die Möhren grob raspeln, die Aprikosen sehr klein würfeln und beides unter die Frischkäsemasse heben. Jeden Fischstreifen mit etwas Käse-Creme bestreichen, aufrollen und mit einem Zahnstocher feststecken. Die Röllchen in Öl braten und auftischen.

Dazu

Reis, in Korianderbutter geschwenkte Nudeln oder Kartoffeln

Fris un Frans

Räucherfisch-Omelett mit Tomatendip

Zutaten

<u>Omelette</u>
300 g geräucherte Makrelenfilets
100 g Oliven (mit Paprika gefüllt)
8 Eier
Zitronensaft
Olivenöl
Salz, Pfeffer, Dill

<u>Dip</u>
1 Päckchen Tomatenpüree (ca. 400 g)
2 EL Tomatenmark
1 Zwiebel
4 Knoblauchzehen
Olivenöl
Salz, Pfeffer
Tabasco

Zubereitung

Für den Dip fein gehackte Zwiebel und Knofi im Öl glasig dünsten, dann Tomatenpüree und –mark unter mischen und etwas einkochen lassen. Die Masse mit Salz und Pfeffer pikant abschmecken.

Für das Omelett die Eier verquirlen, mit Salz und Pfeffer würzen und in Scheibchen geschnittene Oliven und fein gehackten Dill einrühren. Die mit Zitronensaft beträufelten Makrelenfilets zerzupfen und in der Pfanne in heißem Öl kurz anbraten. Dann die verquirlten Eier darüber gießen und bei milder Hitze stocken lassen. Das Omelett mit dem Dip zu Tisch bringen.

Dazu

Dunkles Brot mit Butter oder Bratkartoffeln

Beatrix' Pannekoek

Speckpfannkuchen mit Käse-Sauce

Zutaten

Sauce
150 g fein geriebener junger Gouda oder Edamer
1/4 l Brühe
1 Zwiebel
Mehl
Butter
Salz, Pfeffer
Muskatnuss

Pfannkuchen
350 g Mehl
1/2 l Milch
100 g Schinkenspeck
6 Eier
Öl
Salz, Pfeffer

Zubereitung

Für die Pfannkuchen den Schinkenspeck fein würfeln. Mehl, Milch und Eier verquirlen und mit Salz und Pfeffer würzen. Dann den Speck untermischen und den Teig 15 Minuten quellen lassen.

Für die Sauce die fein gehackte Zwiebel in Butter glasig dünsten, dann etwas Mehl darüber stäuben. Die Fleischbrühe angießen und etwas einkochen lassen. Den Reibekäse einrühren und bei kleiner Hitze schmelzen, danach mit Salz, Pfeffer und Muskat würzig abschmecken. Die Sauce warm halten.

Aus dem Teig zwölf dünne Pfannkuchen backen und mit der Sauce servieren.

Dazu

Knuspriges Roggenbrot

Batavia

Exotisches Geflügelragout

Zutaten

750 g Puten- oder Hühnerbrust
2 Zwiebeln
4 Knoblauchzehen
1 Apfel
50 g Rosinen
100 g Edamer oder junger Gouda
1/8 l Brühe
1 Becher Crème fraîche
Mandelblättchen
Kokosraspel
Mehl
Öl
Zitronensaft
2 EL mildes Currypulver
Salz, Pfeffer

Zubereitung

Die Mandelblättchen und Kokosraspel ohne Fett rösten und zur Seite stellen. Fein gehackte Zwiebeln und Knofi in Öl glasig dünsten, dann den klein gewürfelten Apfel dazu geben und kurz schmoren. Mit etwas Mehl bestäuben, die Brühe angießen und die Flüssigkeit etwas einkochen. Crème fraîche, Curry und die halbierten Rosinen einrühren und dann den Käse in der Sauce schmelzen lassen. Mit Zitronensaft, Salz und Pfeffer abschmecken und warm halten.
Die in Streifen geschnittene Puten- oder Hühnerbrust salzen und pfeffern und in Öl braten. Das Fleisch in die Curry-Sauce geben und das Ragout mit der gerösteten Kokos-Mandelmischung bestreut servieren.

Dazu

Reis, Kartoffeln oder Nudeln

Cordon bleu Tropicana

Gefüllte Hähnchenbrust

Zutaten

4 dicke Hähnchenbrustfilets
4 Scheiben gekochter Schinken
4 Scheiben junger Gouda
4 Scheiben Ananas (frisch oder aus der Dose)
2 Bananen
2 Eier
Semmelbrösel, Öl, Salz, Pfeffer, Zahnstocher aus Holz

Zubereitung

Die Hähnchenbrüste quer halbieren, salzen und pfeffern. Vier Hälften mit je einer Scheibe Schinken und Käse belegen, mit den vier anderen halben Brustfilets bedecken und mit den Zahnstochern gut zustecken. Die gefüllten Brustfilets vorsichtig durch die verquirlten Eier ziehen und dann in den Semmelbröseln wenden. Panierte Hühnerfleischpäckchen in Öl braten, herausnehmen und in Alufolie gewickelt warmhalten. Die abgetropften Ananasringe und die geschälten, halbierten Bananen im Bratfett braten und mit den gefüllten Brustfilets servieren.

Dazu

Reis mit Curry, Mandeln und Rosinen

Tipp:

Panieren

Die Panade hält besser, wenn man das Fleisch, Fisch oder was auch immer man panieren will, vorher in etwas Mehl wendet.

Gemüsje met Kasje

Kohlrabipfanne mit Käseknusperle

Zutaten

Gemüse
300 g Sellerie
300 g Möhren
2 Zwiebeln
1 Birne
1 Apfel
150 g Schinkenspeck
50 g Butter
1 EL Instant-Brühe
Pfeffer, eventuell Salz
Petersilie

Knusperle
400 g mittelalter Gouda, Edamer oder Camembert
2 Eier
Semmelbrösel
Butter
Salz, Pfeffer

Zubereitung

Käse in 2 cm große Würfel schneiden, salzen und pfeffern. Danach die Würfel zuerst in den verquirlten Eiern, dann in den Semmelbröseln wenden. Geschälten Sellerie und Möhren in 1 cm große Würfel schneiden, in Salzwasser 3 Minuten garen und abgießen. In feine Streifen geschnittenen Schinkenspeck auslassen aus der Pfanne nehmen und zur Seite stellen. Fein gehackte Zwiebeln im Speckfett glasig dünsten. Butter und die Sellerie- und Möhrenwürfel zu den Zwiebeln in die Pfanne geben. Apfel und Birne ungeschält fein würfeln und zusammen mit dem Gemüse 5 Minuten schmoren. Das Ganze mit der Instant-Brühe, Pfeffer und eventuell etwas Salz würzen. Dann die Speckstreifen und die gehackte Petersilie unterheben. Die Pfanne zum Warmhalten mit Alufolie oder einem Deckel abdecken. Die panierten Käsewürfel in Butter goldgelb ausbacken und zum Pfannengemüse servieren.

Dazu schmeckt

Herzhaftes Bauernbrot oder Kartoffelpüree

Den Haag

Schnitzelgratin mit Erbsengemüse

Zutaten

Fleisch
4 große Schweineschnitzel
8 dünne Scheiben gekochter Schinken
150 g würziger geriebener Käse
8 Lorbeerblätter
Öl, Pfeffer

Gemüse
1 Paket Tiefkühl-Erbsen
1 kleiner Kopfsalat
10 kleine Zwiebeln
1/4 l Brühe
Butter
Mondamin (Saucenbinder)
Salz, Pfeffer, Zucker
Petersilie

Zubereitung

Die gesalzenen und gepfefferten Schnitzel in Öl anbraten, dann in einer Auflaufform verteilen und mit dem Bratfett übergießen. Auf jede Fleischscheibe zwei Lorbeerblätter legen und mit je zwei Scheiben Schinken bedecken. Dann den Käse darüber streuen und das Ganze im Backofen auf der höchsten Stufe etwa 10 Minuten gratinieren, bis der Käse eine goldbraune Kruste hat. In der Zwischenzeit für das Gemüse die gefrorenen Erbsen in der heißen Butter antauen. Den klein gezupften Kopfsalat und die geschälten, halbierten Zwiebeln hineingeben und alles anbraten. Mit der Brühe auffüllen, etwas salzen und etwa 10 Minuten köcheln lassen. Mit etwas Mondamin binden, mit Salz, Pfeffer und Zucker abschmecken und mit den gratinierten Schweineschnitzeln zu Tisch bringen.

Dazu

Kartoffeln oder Brot

Brueghel's Stilleben

Leber in Genever-Sahne-Sauce

Zutaten

750 g Geflügel- oder Rinderleber
100 g Schinkenspeck
2 Zwiebeln
50 g Butter
50 g Mehl
1/4 l Milch
1 Becher Sahne
4 EL Genever
2 Gewürznelken
1/4 TL Zimtpulver
1/2 TL gemahlenen Koriander
Salz, Pfeffer

Zubereitung

Klein gewürfelten Schinkenspeck auslassen, aus der Pfanne nehmen und zur Seite stellen. Die in große Stücke zerteilte Leber im Speckfett braten, dann erst salzen und pfeffern. Die Leber aus der Pfanne nehmen und in Alufolie gewickelt warm halten. Die fein gehackten Zwiebeln in der Butter glasig dünsten, dann das Mehl darüber stäuben. Milch und Sahne unter Rühren angießen, die Nelken dazugeben und die Sauce in etwa 5 Minuten im offenen Topf eindicken lassen. Die Nelken heraus fischen. Zimt und Koriander, Genever und die Schinkenspeckwürfel einrühren. Die Sauce mit Salz und Pfeffer abschmecken und zur Leber servieren.

Dazu

Bandnudeln, Kartoffelpüree oder -klöße

Tipp:

Wiegen und Messen ohne Waage

Wer hat schon immer Waage und Messbecher an Bord? Die Tabelle unten erleichtert das Abmessen von kleinen und mittleren Mengen. Wer über 200 g abwiegen muss, muss schätzen: In einer Hand ein abgepacktes Lebensmittel (zum Beispiel ein halbes Pfund Butter) und in der anderen Hand die abzuwiegende Menge halten.

	1 EL	1TL	Tasse
Mehl	10 g	3 g	120 g
Zucker	10 g	5 g	180 g
Salz	10 g	5 g	180 g

Flüssigkeiten lassen sich leicht mit folgenden Behältern abmessen:

Schnapsglas	0,02 l
Yoghurtbecher (150 g)	0,15 l
Tasse	0,2 l
Mugg (großer Kaffeebecher)	0,3 l

Tipp:

Ganze Fische richtig einkaufen

Wer möchte schon einen Fisch auf dem Teller, der nach einem langen Aufenthalt beim Händler schmeckt. So erkennt man frische Fische:

- Die Augen sind klar, hell und leicht gewölbt.
- Haut und Fleisch glänzen und fühlen sich fest an.
- Die Fischschwänze sind biegsam und feucht, nicht ausgetrocknet.
- Frische Schuppenfische haben eine glatte Oberfläche ohne Flecken.

Irland

Guinness, Gesang und grüne Wiesen

Die ewig grüne Insel Irland wurde in den vergangenen Jahrhunderten nicht selten von Hungersnöten heimgesucht, aber keine Angst, Sie werden bei Ihrem Törn auf dem Shannon diesem Schicksal mit Gewissheit entgehen. Es hat allerdings auch schon Bootfahrer gegeben, die an Bord nach dem Motto *Was ich essen kann, kann ich auch trinken* lebten. Die Pub-Rechnungen sollen nachher doppelt so hoch gewesen sein wie der Charterpreis. Wie dem auch sei: Der Ire, auch in der Küche der Tradition sehr verbunden, isst und trinkt gerne – und am liebsten viel.

Ob es draußen regnet oder die Sonne scheint, wenn die Nacht im Pub lang war und die traditionellen Lieder noch in den Ohren dröhnen, dann verlangt die Crew auf dem Shannon nach einem typisch irischen Frühstück: Porridge, Eier, Speck, Würstchen, Nieren, geräucherter Hering und Toast.

Ausgedehnte saftig-grüne Wiesen, die Irland zu seinem Ruf als grüne Insel verholfen haben, sind die Heimat von Muh und Mäh. Und davon gibt es so viele, dass man daraus richtig leckere Gerichte macht. Braten von Rind oder Lamm, Eintöpfe oder Füllungen für Pies – alles wird aus Fleisch gemacht, das hier noch als ein echtes Stück Lebenskraft angesehen wird.

So gelangte das Irish Stew zu internationalem Ruf und auch der Plum Pudding soll weltweit Freunde haben. Zugegeben, der traditionell mit Nierenfett zubereitete Pudding ist für deutsche Bootfahrerzungen gewöhnungsbedürftig. Aber der Eintopf mit Lammfleisch, Kartoffeln und Kohl ist an Bord genau das Richtige für den großen Hunger von Seemännern, Seefrauen und Seekindern.

Doch auch Lebewesen aus dem Wasser flutschen in die Bratpfannen oder in die Räucherkammern der Insulaner, um schließlich, begleitet von pikanten Saucen, an Land und auf dem Wasser Hunger zu stillen und Lebensgeister zu wecken.

Und die Süßmäuler? Auch sie kommen in Irland auf ihre Kosten. Leckere Kuchen und Kekse mit dicker Sahne oder Zitronencreme sind immer eine Sünde und eine kurze Sonderschicht in der Kombüse wert.

Und sollte beim Kochen an Bord mal etwas schief gehen, bleibt ja immer noch die Radikallösung Fish n' Ships (statt Chips) an der Ecke. Falls nach dem Anlegen an der schwimmenden Imbissbude der Abend noch immer nicht gerettet ist und der Wetterbericht für den morgigen Tag schon wieder Regen vermeldet, wird ganz einfach der nächste Pub angepeilt und die Verpflegung auf das irische Nationalgetränk Guinness umgestellt. Wenn es nach dem dritten Pint noch regnet, kommen die Lieder der Insel von ganz allein über die Theke.

Miss Mulligatawny

Hühnercremesuppe

Zutaten

300 g Hühnerfleisch
1 Zwiebel
4 Knoblauchzehen
200 g Sellerie
1 großer Apfel
75 g Mandelsplitter
1/2 Becher Crème fraîche
1/2 l Brühe
2 EL Johannisbeergelee
2 EL Mango-Chutney
2 EL mildes Currypulver
2 TL Zitronensaft
Butter
Salz, Pfeffer

Zubereitung

Die Mandelsplitter rösten und zur Seite stellen. Fein gehackte Zwiebel und Knofi in der Butter glasig dünsten, dann mit dem Currypulver bestäuben. Die Brühe angießen, das fein geschnittene Hühnerfleisch, geriebenen Sellerie und geraspelten Apfel hinzufügen. Kurz aufkochen lassen. Johannisbeergelee, Mango-Chutney, geröstete Mandelsplitter und Crème fraîche einrühren und die Suppe mit Zitronensaft, Salz, Pfeffer und eventuell etwas Curry abschmecken.

Dazu

Frisches Brot

Irish Pub

Blauschimmelkäse-Suppe

Zutaten

300 g Blauschimmelkäse (z. B. Stilton)
250 g Zwiebeln
1 Becher Sahne
1 Bund Petersilie
1 l Brühe
2 TL Mehl
Butter
Salz, Pfeffer
Muskat

Zubereitung

Die Zwiebeln fein hacken und in Butter glasig werden lassen. Mit dem Mehl bestäuben, dann Brühe und Sahne angießen. Den grob zerkleinerten Blauschimmelkäse einrühren und schmelzen lassen. Die fein geschnittene Petersilie untermischen und die Suppe mit Pfeffer, viel Muskat und etwas Salz abschmecken.

Dazu

Frisches Brot und ein kühles Bier

ANTRIM COAST

Räucherfischsalat

Zutaten

400 g Räucherfisch
100 g Reis
4 Eier
1 TK-Packung Erbsen
1 Paprikaschote
(rot, gelb oder grün)
2 Äpfel
4 Gewürzgurken
2 Zwiebeln
250 g Mayonnaise
100 g Joghurt
2 TL geriebener
Meerrettich
2 EL Zitronensaft
Petersilie
Salz, Pfeffer

Zubereitung

Erbsen auftauen lassen. Reis in Salzwasser garen, abgießen und auskühlen lassen. Eier hart kochen, schälen und in Scheiben schneiden. Fisch entgräten und mit einer Gabel in große Stücke zerpflücken. Paprikaschote, Äpfel und Gewürzgurken klein würfeln, Zwiebeln in Ringe schneiden. Mayo, Joghurt, Meerrettich und Zitronensaft zu einer Creme rühren, mit Salz und Pfeffer abschmecken. Die übrigen vorbereiteten Salatzutaten miteinander vermischen und unter die Mayo-Creme heben. Mit gehackter Petersilie bestreut servieren.

Dazu

Dunkles Brot mit Butter

Fisherman's friend

Bratfisch mit Orangen-Remoulade

Zutaten

Remoulade
200 g Mayonnaise
50 g Joghurt
1/2 Glas Rotwein
1/2 Orangensaft
2 TL mittelscharfer Senf
1 Bund Dill
Worcestersauce
Salz, Pfeffer, eventuell etwas Zucker

Fisch
1 kg Fischfilets (z. B. von Kabeljau, Seelachs oder Goldbarsch)
2 Eier
Semmelbrösel
Zitronensaft
Öl
Salz, Pfeffer

Zubereitung

Für die Remoulade Mayo, Joghurt, Rotwein, Orangensaft und Senf miteinander verrühren. Fein gehackten Dill untermischen und die Sauce mit Worcestersauce, Salz, Pfeffer und eventuell etwas Zucker pikant abschmecken. Die Fischfilets mit Zitronensaft beträufeln, salzen und pfeffern. Dann die Filets durch die verquirlten Eier ziehen und in Semmelbröseln wenden. In Öl knusprig ausbacken und mit der Remoulade servieren.

Dazu

Kartoffeln oder Reis

Gooseberry Hill

Makrelen in Stachelbeer-Sauce

Zutaten

Fisch
4 küchenfertige Makrelen
1 Bund Petersilie
2 Eigelb
6 EL Semmelbrösel
1 unbehandelte Zitrone
Zitronensaft
Butter
Salz, Pfeffer, Muskatnuss

Sauce
1 Fenchelknolle
1 Glas Stachelbeeren (ca. 300 g Abtropfgewicht)
Butter
Salz, Pfeffer

Zubereitung

Die Makrelen mit Zitronensaft beträufeln, salzen und pfeffern. Eigelb, Semmelbrösel, fein gehackte Petersilie und abgeriebene Schale der unbehandelten Zitrone miteinander verrühren. Die Mischung mit Salz, Pfeffer und Muskat abschmecken und die Makrelen damit füllen. In jede Makrele vier kleine Butterflöckchen geben und vier große Stücke Alufolie mit Butter einfetten. Je einen Fisch in ein Stück Folie wickeln und die Makrelen im Backofen etwa 30 Minuten lang garen. Inzwischen die Stachelbeeren abtropfen lassen und den Saft auffangen. Den klein geschnittenen Fenchel in Butter dünsten. Dann die Stachelbeeren mit etwas Saft dazugeben und etwa 5 Minuten bei kleinster Hitze köcheln lassen. Die Sauce mit Salz und Pfeffer abschmecken und zu den Makrelen servieren.

Dazu

Pellkartoffeln

Gold of Corrigan

Forelle in Cider

Zutaten

4 küchenfertige Forellen
2 Zwiebeln
1/4 l Cider (englischer Apfelwein)
100 g Butter
Mehl
Petersilie
Zitronensaft
Salz, Pfeffer
edelsüßes Paprikapulver

Zubereitung

Die Forellen mit Zitronensaft beträufeln, dann salzen und pfeffern und mit Paprikapulver bestäuben. Die in Ringe geschnittenen Zwiebeln in einer gefetteten Auflaufform verteilen. Die Forellen darauf legen und mit dem Cider begießen. Mit Alufolie zugedeckt im Backofen etwa 30 Minuten lang garen. Die Forellen aus der Form nehmen und in Alufolie gewickelt warm halten. Dann die Butter schmelzen, das Mehl einrühren und anbräunen. Mit dem Fischsud ablöschen und aufkochen. Die Sauce mit Salz und Pfeffer abschmecken und zu den mit gehackter Petersilie bestreuten Forellen servieren.

Dazu

Kartoffeln oder Reis

Helen's Bay

Gefüllte Schollenröllchen

Zutaten

8 dünne Schollenfilets (à ca. 150 g)
350 g gekochte Krabben
150 g Schinkenspeck
1 kleine Zwiebel
2 Knoblauchzehen
1/2 Bund Petersilie
Öl
Zitronensaft
Pfeffer, Salz
Küchenzwirn oder Holzzahnstocher

Zubereitung

Die Schollenfilets mit Zitronensaft beträufeln, dann pfeffern und salzen. Petersilie, Schinkenspeck, Zwiebel und Knofi sehr fein, das Krabbenfleisch grob hacken. Den Speck auslassen, dann aus der Pfanne nehmen und zur Seite stellen. Im Speckfett Zwiebel und Knofi glasig werden lassen. Speckwürfel, Zwiebel-Knoblauch-Mischung, Petersilie und Krabbenstücke mischen und mit Salz und Pfeffer abschmecken. Die Masse auf die Schollenfilets streichen, aufrollen und mit Zahnstochern zustecken oder mit Küchenzwirn zusammenbinden. Die Schollenröllchen in Öl braten und servieren.

Dazu

Grüne Bohnen und Bratkartoffeln

Orange and Green

Lachs mit Gurkengemüse

Zutaten

4 Lachssteaks (à 250 g)
1 große Salatgurke
1/8 l Weißwein
1 Becher Crème fraîche
Dill
Zitronensaft
Butter
Salz, Pfeffer

Zubereitung

Die geschälte Gurke längs halbieren und die Kerne herausschaben. Mit Salz bestreuen und etwa 30 Minuten weinen, das heißt Wasser ziehen lassen. Mit Wasser abspülen und gut trocken tupfen, dann die Hälften in etwa 1/2 cm dicke Scheiben schneiden. Die Scheiben in Butter dünsten, bis alle Flüssigkeit verdampft ist. Weißwein angießen und kurz aufkochen. Die Crème fraîche und den fein gehackten Dill unterrühren, das Gemüse mit Salz und Pfeffer abschmecken.

Danach die mit Zitronensaft beträufelten, gesalzenen und gepfefferten Lachssteaks in eine gefettete Auflaufform legen, das Gurkengemüse darüber verteilen und die Form mit Alufolie abdecken. Im Backofen etwa 20 Minuten garen.

Dazu

Bandnudeln, kleine Pellkartoffeln oder ganz einfach nur Weißbrot

Cornish Style

Rinderbraten

Zutaten

1 kg Rinderbraten
250 g Schinkenspeck
100 g roher Schinken
100 g Räucherzunge
100 g milde Gewürzgurken
1 unbehandelte Zitrone
1 Becher saure Sahne
1/8 l Rotwein
Mondamin
(Saucenbinder)
Öl
Pfeffer, Salz
Küchenzwirn

Zubereitung

Den Rinderbraten mit Öl, Salz und Pfeffer einreiben. Den Schinkenspeck in Scheiben schneiden, den Braten darin einwickeln und mit Küchenzwirn verschnüren. Das Rindfleisch in Öl rundherum kräftig anbraten (zusätzlich noch so viel Öl in den Topf geben, dass der Boden bedeckt ist) und zugedeckt etwa 40 Minuten schmoren. Dann die saure Sahne und den Rotwein angießen. In Scheiben geschnittene Zitrone, klein geschnittenen rohen Schinken, Räucherzunge und fein gewürfelte Gewürzgurken einrühren. Den Braten bei geschlossenem Topf weitere 15 Minuten schmurgeln lassen. Die Bratensauce mit Salz und Pfeffer abschmecken und mit etwas Mondamin binden.

Dazu

Brot, Kartoffelpüree oder Reis

Glens of Antrim

Lammbraten mit Zwiebelmus

Zutaten

Braten

1 kg Lammkeule
1 Möhre
1 Stange Porree
1 Stück Sellerie
2 Äpfel
1 große Gemüsezwiebel
1 Knoblauchknolle !!!
1/4 bis 1/2 l Rotwein
Öl, Salz, Pfeffer

Mus

500 g Zwiebeln
1/8 l Brühe
1 Becher Sahne
4 EL Milch
Butter
Muskatnuss
Salz, Pfeffer, Zucker

Zubereitung

Für den Braten die Lammkeule salzen, pfeffern und mit den geschälten Knoblauchzehen spicken. Fleisch in Öl rundherum anbraten. Möhre, Sellerie, Porree und Zwiebel in große Stücke schneiden, zum Braten geben und 1/4 l Rotwein angießen. Etwa 2 Stunden im geschlossenen Topf schmoren lassen, dabei das Fleisch mehrmals mit Bratflüssigkeit übergießen (falls zu wenig Flüssigkeit im Topf ist noch Wein dazugeben). In der Zwischenzeit fein gewürfelte Zwiebeln in Butter braten, dann Brühe darüber gießen und etwa 20 Minuten zugedeckt kochen. Die Zwiebeln in der Brühe zermusen, Sahne und Milch einrühren und die Flüssigkeit einkochen lassen, bis ein dickes Püree entsteht. Mit Zucker, Salz, Pfeffer und viel Muskat abschmecken und warm halten. Wenn das Fleisch gar ist, die Bratensauce durch ein feines Sieb passieren, wieder zum Braten geben und die in dünne Scheiben geschnittenen Äpfel untermischen. Fleisch und Sauce noch 10 Minuten zugedeckt ziehen lassen, zum Schluss mit Salz und Pfeffer abschmecken. Zwiebelmus und Lamm mit Bratkartoffeln oder Klößen servieren.

Farmhouse O' Brien

Schinken mit Ananas

Zutaten

1 kg Nuss-Schinken am Stück
250 g Ananas (aus der Dose)
15 Gewürznelken
Öl, gemahlener Koriander, Pfeffer

Zubereitung

Ananas abtropfen lassen und in möglichst kleine Stücke schneiden. Ein großes Stück Alufolie einölen. Den Schinken mit der Speckseite nach oben darauf legen, mit den Nelken spicken und mit Pfeffer und Koriander würzen. Mit den Ananas-Stückchen bedecken. Die Folie locker über den Schinken schlagen und gut verschließen. Im Backofen auf höchster Stufe etwa eine Stunde garen und heiß servieren.

Dazu

Herzhaftes Brot

Tipp:

Verbrennungen in der Kombüse

Schnell kühlen (kaltes Wasser oder Eiswürfel), dann mit Butter oder einer Paste aus Salz und Trinkwasser bestreichen.
Bei Mundverbrennungen:
mit viel Kondensmilch bzw. Wasser spülen oder ein Stück Butter im Munde zergehen lassen.

Irish legend

Bratwürste im Teig mit Käsesauce

Zutaten

Würste
8 Bratwürste
500 g Mehl
6 Eier
1/2 l Milch
Öl
Salz, Pfeffer

Sauce
400 g Butterkäse
1/8 l helles Bier
50 g Butter
1 TL Senf
Worcestersauce
Salz, Pfeffer

Zubereitung

Mehl, Milch, Eier und eine Prise Salz miteinander verquirlen. 1/2 l Wasser dazu geben und alles zu einem flüssigen Teig rühren. Etwa 30 Minuten bei Zimmertemperatur quellen lassen. Die Bratwürste in Öl anbraten und zur Seite stellen. Eine Auflaufform mit dem Bratwurstfett einpinseln und ein Drittel des flüssigen Teiges einfüllen. Im Backofen etwa 10 Minuten backen. Dann die Bratwürste auf dem festen Teig verteilen, den restlichen flüssigen Teig darüber gießen und die Form für weitere 25 Minuten in den Ofen geben.

In der Zwischenzeit Butter und Bier erhitzen und den grob zerkleinerten Käse darin schmelzen lassen. Die Käsecreme mit Senf, Worcestersauce, Salz und Pfeffer pikant abschmecken und heiß zu den Würsten im Teig servieren.

Dazu

Gar nichts außer Bier, denn das Gericht macht pappsatt!

Kerrygold Inn

Porree im Schinkenmantel

Zutaten

6 dicke Stangen Porree
9 dünne Scheiben gekochter Schinken
200 g Butterkäse in Scheiben
1 Becher Sahne
1/2 l Brühe
Butter
Salz, Pfeffer
Muskat
Küchenzwirn

Zubereitung

Die sechs Porreestangen in je drei Stücke schneiden und in der Brühe bei schwacher Hitze in etwa 8 Minuten knapp gar kochen. Das Gemüse gut abtropfen lassen, jedes Porreestück in eine halbe Scheibe Schinken wickeln und mit Küchengarn verschnüren. Die Porree-Schinkenwickel nebeneinander in eine gefettete Auflaufform legen und mit wenig Salz, aber reichlich Pfeffer und Muskat würzen. Die Käsescheiben darüber legen und das Ganze im Backofen etwa 20 Minuten backen, bis der Käse eine knusprig-braune Kruste gebildet hat.

Dazu

Schweinefilet und Kartoffeln

Irish Stew

Schafscherertopf mit Klößen

Zutaten

Eintopf
1 kg Lammnacken oder -keule (ohne Knochen)
750 g Kartoffeln
1 kleiner Kopf Weißkohl
500 g kleine Zwiebeln
250 g Möhren
4 Knoblauchzehen
1 l Brühe, Öl
Salz, Pfeffer

Klöße
250 g Mehl
150-200 ml Milch
3 TL Backpulver
Petersilie
Salz, Pfeffer
Worcestersauce

Zubereitung

Für den Eintopf das in mundgerechte Würfel geschnittene Fleisch in Öl anbraten und aus der Pfanne nehmen. Im Bratfett die geschälten, halbierten Zwiebeln und die in dicke Scheiben geschnittenen Möhren dünsten. Etwas Öl hinzugeben, gehackten Knoblauch und in feine Streifen geschnittenen Weißkohl untermischen und ebenfalls braten. Dann Fleisch zurück in den Topf geben, salzen und pfeffern. Brühe angießen und zugedeckt etwa 30 Minuten köcheln lassen. In der Zwischenzeit für die Klöße Mehl, Backpulver und gehackte Petersilie mischen. So viel Milch unterrühren, dass ein geschmeidiger Teig entsteht, der reißend vom Löffel fällt. Mit Salz, Pfeffer und Worcestersauce kräftig abschmecken. Klöße daraus formen und diese zugedeckt ruhen lassen. Dann die geschälten und grob gewürfelten Kartoffeln unter den Eintopf mischen und noch etwa 20 Minuten garen. Etwa 5 Minuten vor Ende der Garzeit die Klöße in siedendes (nicht kochendes!) Salzwasser geben. Sie sind gar, wenn sie an die Wasseroberfläche steigen. Klöße in den Eintopf geben und mit knusprigem Landbrot und Bier servieren.

The Countryside

Reispfanne mit roten Bohnen

Zutaten

2 Dosen rote Bohnenkerne
(à ca. 200 g Abtropfgewicht)
150 g Reis
200 g Schinkenspeck
2 Zwiebeln
4 Knoblauchzehen
1 Glas Rotwein
1 unbehandelte
Zitrone
2 Gewürznelken
2 EL Instant-Brühe
Salz, Pfeffer
Butter
Petersilie

Zubereitung

Den Reis in Salzwasser mit den beiden Nelken knapp gar kochen und zur Seite stellen. Den gewürfelten Schinkenspeck in einer Pfanne auslassen und dann zum Reis geben. Fein gehackte Zwiebel und Knofi im Speckfett glasig werden lassen, die Bohnen mit der Instant-Brühe dazugeben und mit dem Rotwein übergießen. 5 Minuten offen köcheln lassen, bis die Flüssigkeit verdampft ist. Etwas Butter zu der Bohnenmischung geben, Reis und Speckwürfel untermischen und alles kurz braten. Mit der abgeriebenen Schale der Zitrone, Salz und Pfeffer würzen und mit gehackter Petersilie bestreuen.

Dazu

Lammkoteletts

Tipp:

Backofen an Bord richtig bedienen

Gasbacköfen an Bord neigen dazu, mehr Oberhitze als Unterhitze zu entwickeln. Deshalb ist es ratsam, zum Ende der Backzeit auf eine untere Schiene zu wechseln. Auch die Hitzeverteilung von hinten nach vorn ist oft ungleichmäßig. Deshalb Kuchen- oder Auflaufform im Laufe der Garzeit öfter mal drehen. Gut ist es auch, den Boden des Backofens mit Alufolie auszulegen. Das gibt gute Temperatur von unten und erleichtert das Saubermachen erheblich.

Viele Backöfen auf Booten kennen nur drei Stufen: heiß, lauwarm und aus. Wer mit mittlerer Hitze backen will, sollte sein kostbares Back- oder Bratgut deshalb mit locker aufgelegter Alufolie schützen und/oder den Ofen zwischendurch abstellen. Grundsätzlich mussten wir feststellen, dass jeder Backofen nach eigenen Regeln funktioniert und haben deshalb in den Rezepten auf die Angabe von Temperaturstufen verzichtet. Wieviel Hitze ein Ofen tatsächlich entwickelt, ist sogar bei baugleichen Modellen unterschiedlich. Da hilft nur eines: morgens beim Aufbacken der Brötchen üben: die Hitzeentwicklung beobachten und ab und zu Garproben machen.

Deutschland

Mit Rotkäppchen und Sonja unterwegs

Auf Rhein, Main, Ems und Mittellandkanal haben Sie mit Sicherheit an Bord schon viel deutsches Küchengut gezaubert, vielleicht auch etwas italienisch, französisch oder multikulti gekocht. Aber seit es in unserem Heimatland viele neue Reviere und Wasserstraßen gibt, die immer mehr Wasserwanderer mit und ohne PS anziehen, gibt es auch eine neue und neu zu entdeckende Küche: die Bordküche Ost. Grund genug, sich für Ihre vielleicht nächste Reise mit diesem auch kulinarisch neuen Revier einmal etwas näher zu befassen.

Gleich nach der Wende war die eigene Pantry für Wasserwanderer in Mecklenburg-Vorpommern und Brandenburg lebenswichtig: zu wenig Restaurants, zu unterschiedlich im Standard, von Sterneköchen mit eigenem Anleger ganz zu schweigen. Wer nicht hungern wollte, musste selbst kochen. Das ist inzwischen anders, es gibt viele Top-Restaurants am Wasser und Bananenshakes ohne Banane und Süßtafel ohne Schokolade gehören längst der Vergangenheit an. Im Supermarkt gibt es aber immer noch – mit gutem Grund – Sonja-Margarine, Rotkäppchen-Sekt, Grabower Schokoküsse und anderes. Kurz: Es gibt keinen Grund, die Bordküche kalt zu lassen.

Gute regionale Produkte, nach einfachen und traditionellen Rezepten zubereitet, bestimmen die Qualität der Küche. Bratheringe vom Händler, Butterkuchen von einem noch selbst backendem Bäcker, frischer Zander direkt aus der Bünn des Fischers, Sauerfleisch mit Bratkartoffeln: alles regionale Spezialitäten, die sich auch an Bord leicht herstellen lassen.

Die Küche dieses Reviers hat ganz klar norddeutschen Charakter: Deftige Gerichte und große Portionen, was wollen des Bootfahrers Herz und Magen mehr? Viel frischer Fisch und kräftiges Fleisch, von der Qualität des heimischen Gemüses und der Kartoffeln ganz zu schweigen — Friedrich der Große wusste schon, was er tat, als er die Kartoffel hierher brachte.

Ein Gang über den Markt zeigt die ganze köstliche Breite der Region: Kohlrabi, Möhren, Sellerie, Kohl, Zwiebeln und Porree. Oft kommt man mit dem Boot direkt an großen Anbaugebieten vorbei (wie zum Beispiel in Werder bei Potsdam). Fisch kann man bei Fischers Fritz kaufen oder ganz einfach versuchen, einem Hobbyangler etwas von seinem Fang – gegen Bares oder eine Flasche Wein – abzuschwatzen. Natürlich kann man auch zur Selbstversorgung greifen und das eigene Zapfholz auf dem Wasser tanzen lassen. Es macht bestimmt Spaß, die Genehmigung kostet wenig, aber das Risiko, dass die Crew dann Hunger schieben muss, ist doch relativ hoch. Und das wollen wir auf gar keinen Fall, denn nur eine gesättigte Crew ist eine gute Crew. Bootfahren im Osten – beste Voraussetzungen, aus Ihrem Boot ein kulinarisch mehrsterniges Schiff zu machen, tolle Urlaubstage zu verbringen und unvergessliche Meilen ins Bordbuch zu schreiben.

Wellenreiter

Meerrettichcremesuppe mit Lachs

Zutaten

200 g Doppelrahmfrischkäse
5 EL Meerrettich (aus dem Glas)
1 Zwiebel
1 l Gemüsebrühe oder Fischfond
150 g Räucherlachs
Petersilie
Butter
Zitronensaft
Salz, Pfeffer

Zubereitung

Die fein gehackte Zwiebel in Butter glasig dünsten. Dann Meerrettich und Frischkäse hinzufügen und den Käse schmelzen lassen. Die Brühe angießen und aufkochen, danach 5 Minuten unter ständigem Rühren leicht köcheln lassen. Mit Salz, Pfeffer und Zitronensaft abschmecken. Den Lachs in feine Streifen schneiden und in der Suppe erwärmen. Mit gehackter Petersilie servieren.

Dazu

Laugenbrezeln oder Kümmelstangen

Sandeman Flattermann

Sherrycremesuppe mit Huhn

Zutaten

250 g gekochte Hähnchenbrust
250 g grüne Bohnen
1/2 l Brühe, 1/8 l Sherry
1 Becher Crème fraîche
1 unbehandelte Zitrone
Salz, Pfeffer, eventuell Zucker

Zubereitung

Die Bohnen in der Brühe garen. Crème fraîche und Sherry dazugießen und erhitzen. Die Schale der Zitrone abreiben und in die Suppe rühren. Mit Salz, Pfeffer und vielleicht etwas Zucker abschmecken. Die Hähnchenbrust erst in Scheiben, dann in Streifen schneiden und als Einlage in der Suppe servieren.

Dazu

Frisches Weißbrot

Tipp:

Proviantliste

Für längere Törns alle verstauten Lebensmittel auf eine Liste schreiben und den Lagerort, bei Frischware auch das Kaufdatum vermerken. Das erspart später unnötige Sucherei. Konserven mit einem wasserfesten Stift auf dem Deckel beschriften, dann muß man die Dosen nicht immer zum Entziffern des Etiketts heraus nehmen, außerdem weiß man auch noch, was drin ist, wenn das Etikett unlesbar geworden ist.

Ritz Müritz

Erbsencremesuppe mit Räucheraal

Zutaten

300 g Räucheraal
300 g Tiefkühl-Erbsen
2 Schalotten
1/2 l Gemüsebrühe
1 Becher Sahne
Meerrettich (aus dem Glas)
Petersilie
Butter
Salz, Pfeffer, Zucker

Zubereitung

Den Aal häuten, entgräten und in Stücke zerpflücken. Fein gehackte Schalotten in Butter glasig dünsten, die aufgetauten Erbsen hinzufügen, die Gemüsebrühe angießen und 15 Minuten köcheln lassen, bis die Erbsen weich sind. Das Gemüse mit dem Kartoffelstampfer zermusen, die Sahne hineingeben und erwärmen. Die Suppe mit Salz, Pfeffer und Zucker abschmecken. Meerrettich mit fein gehackter Petersilie verrühren. Aalstücke als Einlage in die Suppe geben und mit Meerrettichtupfern garnieren.

Dazu

Deftiges Schwarzbrot und ein „Köstritzer"

Captain Pepper

Paprikaschoten mit Krabbenfüllung

Zutaten

1 dicke Scheibe altbackenes Brot
200 g Krabben
4 rote, gelbe oder grüne Paprikaschoten
2 Eier
Butter
edelsüßes Paprikapulver
Salz, Pfeffer

Zubereitung

Das Brot einweichen. Von den Paprikaschoten den Boden gerade schneiden. Dann einen Deckel abtrennen und die Kerne entfernen. Die Brotmasse gut ausdrücken, mit den Krabben und den Eiern vermischen, mit Salz, Pfeffer und Paprika würzen. Die Mischung in die Paprikaschoten füllen, Deckel aufsetzen. Die Paprikaschoten aufrecht in eine gefettete Auflaufform stellen und reichlich Butterflocken darauf verteilen. Im Backofen 45 Minuten lang garen.

Dazu

Butterreis

Sailor's Dream

Rotbarsch mit Kruste in Rotwein

Zutaten

4 Rotbarschfilets (à 250 g)
250 g Champignons
1 Zwiebel
4 Knoblauchzehen
1/2 Flasche Rotwein
200 g geriebener Käse
50 g Semmelbrösel
Saft von einer Zitrone
Butter
Salz, Pfeffer

Zubereitung

Eine Auflaufform mit Butter ausstreichen. Geviertelte Champignons, klein gewürfelte Zwiebel und in Scheiben geschnittenen Knoblauch vermischen und in die Form geben. Salzen, pfeffern und mit dem Rotwein begießen. Die gesalzenen und mit Zitronensaft beträufelten Fischfilets darauf legen und 15 Minuten lang im Backofen offen garen. Dann den Käse mit den Semmelbröseln vermischen und darüber streuen, mit Butterflöckchen belegen und noch 5 Minuten im Ofen überbacken.

Dazu

Reis und Dosenpfirsiche, in Butter gedünstet

Don Qui-Schot

Dorsch in Orangen-Sherry-Sauce

Zutaten

4 Dorschfilets (à 250 g)
4 Orangen
50 g Rosinen
1/8 l Sherry
Olivenöl
Zitronensaft
Mehl
Salz, Pfeffer
eventuell Mondamin (Saucenbinder)

Zubereitung

Die Rosinen klein schneiden und im Sherry 30 Minuten marinieren. Zwei der Orangen auspressen. Die anderen beiden schälen, die weiße Haut entfernen und das Fruchtfleisch in Spalten teilen. Die gesalzenen und gepfefferten, mit etwas Zitronensaft beträufelten Fischfilets leicht in Mehl wenden. Den Dorsch im Olivenöl braten, dann in Alufolie wickeln und warm halten. Den Bratfond mit dem Orangensaft ablöschen, die Rosinen mit dem Sherry und den Orangenspalten hineingeben und etwas einkochen lassen. Mit Salz und Pfeffer abschmecken, eventuell mit etwas Mondamin binden. Den Fisch in der Sauce servieren.

Dazu

Kartoffeln und ein Sellerie-Möhren-Salat

Captain's Dinner

Zanderfilet mit rosa Pfeffersauce

Zutaten

4 Zanderfilets (à 250 g)
2 Schalotten
3 EL rosa Pfefferkörner (eingelegt oder getrocknet)
1/8 l Rotwein
1 Becher Sahne
1 Bund Basilikum
Olivenöl
Zitronensaft
Mehl
Salz, Pfeffer, Zucker

Zubereitung

Die rosa Pfefferkörner im Rotwein 30 Minuten quellen lassen. Die Zanderfilets salzen, pfeffern, mit etwas Zitronensaft beträufeln, mit Mehl bestäuben und im Olivenöl braten. Den Fisch herausnehmen und in Alufolie gewickelt warm halten. Die fein gehackten Schalotten im Bratfett glasig dünsten, den Rotwein mit dem rosa Pfeffer dazugeben und kurz aufwallen lassen. Die Sahne angießen und die Sauce kurze Zeit köcheln lassen, bis sie sämig wird. Mit Salz, Pfeffer und ein wenig Zucker abschmecken. Das Basilikum mit den Händen klein zupfen, über die Zanderfilets streuen und mit der Sauce zu Tisch bringen.

Dazu

Bandnudeln oder frisches Weißbrot und Rotwein

Kapitän Nemo

Fischfilets mit Kartoffel-Olivenkruste

Zutaten

1 kg Fischfilets (von Dorsch, Scholle oder Kabeljau)
500 g Kartoffeln
200 g mit Paprika gefüllte Oliven
1 Zwiebel
4 Knoblauchzehen
2 Eier
Olivenöl
Zitronensaft
Salz, Pfeffer
Bratbeutel

Zubereitung

Fischfilets salzen und pfeffern, mit Zitronensaft beträufeln und etwas ruhen lassen. Geschälte Kartoffeln mittelfein raspeln, die Oliven in dünne Scheiben schneiden, beides mit den Eiern, etwas Olivenöl, fein gehackter Zwiebel und Knofi mischen, salzen und pfeffern. Die Mischung auf den Fischfilets verteilen und leicht andrücken. In einen Bratbeutel geben. Diesen verschließen und einstechen, damit der Dampf entweichen kann. Den Fisch im Ofen 20 Minuten lang garen.

Dazu

Brot und eine Gemüsepfanne aus Zucchini, Paprika und Fenchel

Pirateninsel

Thunfischauflauf

Zutaten

250 g kurze Makkaroni
2 große Dosen Thunfisch (à 250 g Abtropfgewicht)
250 g Champignons
1 grüne und 1 rote Paprikaschote
1 Zwiebel
4 Knoblauchzehen
1/4 l Brühe
1/8 l Sherry
1 Becher Sahne
250 g geriebener Parmesan
Mehl
Olivenöl, Butter
Salz, Pfeffer

Zubereitung

Die Nudeln in Salzwasser bissfest kochen, abgießen und in einer gefetteten Auflaufform verteilen. Fein gehackten Knofi und klein gewürfelte Zwiebel in Olivenöl glasig dünsten. Die in Streifen geschnittenen Paprikaschoten untermischen und anbraten. Blättrig geschnittene Champignons dazugeben und weich dünsten. Mit etwas Mehl bestäuben. Brühe, Sahne und Sherry angießen und unter ständigem Rühren etwas eindicken lassen. Mit Salz und Pfeffer würzen und die abgetropften Thunfischstücke untermengen. Die Mischung auf den Nudeln verteilen, mit dem geriebenen Parmesan bestreuen und mit reichlich Butterflöckchen belegen. Im Backofen 30 Minuten lang backen, bis der Käse goldbraun ist.

Free Willy

Gebackener Fisch mit grüner Füllung

Zutaten

1 großer Zander oder Dorsch (2,5 kg)
4 Scheiben Schinkenspeck
4 Scheiben Baguette
1 Möhre
1 kleines Stück Sellerie
1 dünne Stange Porree
2 Zwiebeln
4 Knoblauchzehen
je 1 Bund Dill, Schnittlauch und Petersilie
2 Zitronen, Zitronensaft
Butter
Salz, Pfeffer

Zubereitung

Fisch ausnehmen, säubern und trockentupfen. Den fein gewürfelten Speck auslassen, dann aus der Pfanne nehmen. Das Brot würfeln und im Bratfett knusprig braten, ebenfalls herausnehmen und mit dem Speck zur Seite stellen. Gehackte Zwiebel und Knofi in Butter glasig dünsten, fein geschnittenen Porree, Sellerie und Möhren untermischen und ebenfalls dünsten. Die Gemüsemischung, fein geschnittene Kräuter, gebratenen Speck und Brotwürfel miteinander vermengen, dann mit Salz und Pfeffer abschmecken. Die Mischung in den Fisch füllen. Die Zitronen in Scheiben schneiden und in die Füllung schieben. Den Fisch mit Butterflöckchen belegen, in Alufolie wickeln und im Backofen 30-45 Minuten garen. Mit Zitronensaft servieren.

Dazu

Petersilienkartoffeln, Brot und Weißwein

Captain Lodengrün

Omelett nach Jägerart

Zutaten

250 g Geflügel- oder Rinderleber
1 kleine Dose Pfifferlinge
8 Eier
1 Zwiebel
4 Knoblauchzehen
Sahne
Petersilie
Öl
edelsüßes Paprikapulver
Salz, Pfeffer

Zubereitung

Die Eier mit Sahne verquirlen und mit Salz, Pfeffer und Paprika würzen. In Stücke geschnittene Leber in Öl anbraten, dann klein gehackte Zwiebel und Knoblauch mit den Pfifferlingen dazugeben und glasig braten. Mit Salz und Pfeffer abschmecken. Die verquirlten Eier darüber gießen und stocken lassen. Mit gehackter Petersilie bestreut servieren.

Dazu

Knuspriges Roggenbrot mit Butter und ein grüner Salat

Drunk, not sunk

Schweinefilet mit beschwipsten Äpfeln

Zutaten

8 Schweinemedaillons (à 125 g)
4 große Äpfel
4 Eigelb
4 EL mittelscharfer Senf
8 EL Semmelbrösel
1/8 l Calvados
Olivenöl, Butter
Petersilie
Zitronensaft
Salz, Pfeffer

Zubereitung

Die Medaillons mit dem Senf einstreichen und zugedeckt 30 Minuten ziehen lassen. Die Äpfel ungeschält in Spalten schneiden und in reichlich Butter weich dünsten. Mit Calvados ablöschen, mit etwas Zitronensaft abschmecken und warmhalten.

Dann das verquirlte Eigelb vorsichtig auf den Senfmantel der Filets streichen. Die Medaillons in den Semmelbröseln wenden und im Öl braten. Salzen und pfeffern, mit der gehackten Petersilie bestreuen und mit den Calvados-Äpfeln servieren.

Dazu

Butternudeln oder Kartoffeln

Périgord on Sea

Gefüllte Schweinesteaks

Zutaten

4 dicke Schweinesteaks (à 250 g)
1 kleine Kalbsleberwurst
2 TL Brombeermarmelade
4 Knoblauchzehen
1 Tasse Olivenöl
3 EL Zitronensaft
Kräuter der Provence
Petersilie
Salz, Pfeffer
Zahnstocher

Zubereitung

Die Steaks vorsichtig seitlich einschneiden, so dass eine Tasche entsteht. Öl, Zitronensaft, gehackten Knofi, Kräuter der Provence, Pfeffer und etwas Salz verrühren und das Fleisch darin einige Stunden einlegen.

Für die Füllung die Kalbsleberwurst mit der Marmelade und der gehackten Petersilie verkneten. Das Fleisch aus der Marinade nehmen, die Leberwurstmasse in die Einschnitte füllen und die Öffnungen mit den Zahnstochern zustecken. Das Fleisch mit der restlichen Marinade bepinseln und in der Pfanne braten.

Dazu

Kartoffelpüree

Chiquita ahoi!

Leber-Bananen-Pfanne

Zutaten

500 g Geflügel- oder Rinderleber
2 große Bananen
100 g Schinkenspeck
Salz, Pfeffer
Zitronensaft
eventuell Olivenöl

Zubereitung

Den Schinkenspeck klein würfeln und in einer Pfanne auslassen. Dann die geschälten, in Scheiben geschnittenen Bananen (eventuell mit etwas Olivenöl) dazugeben und anbraten. Die Masse herausnehmen und warmhalten. Die in Stücke geschnittene Leber im Bratfett braten, dann den Bananenspeck untermischen und mit Salz, Pfeffer und Zitronensaft abschmecken.

Dazu

Curryreis und mit Chili gewürzter Sahnejoghurt

Hot Dog XXL

Fleischwurst mit Schinken-Käse-Füllung

Zutaten

1 dicker Fleischwurstring mit Knoblauch
10 Scheiben durchwachsener Schinken
10 dicke Scheiben Gouda
Pfeffer
edelsüßes Paprikapulver
Olivenöl

Zubereitung

Den Fleischwurstring mit kochendem Wasser überbrühen und häuten. Dann den Ring vorsichtig von oben zehnmal einschneiden, so dass die Wurst unten noch zusammenhält. In die entstandenen Taschen jeweils eine Schinken- und eine Käsescheibe schieben. Olivenöl mit dem Paprikapulver verrühren und den Wurstring damit einpinseln. Im Backofen knusprig braten.

Dazu

Bauernbrot mit Knoblauchbutter und Paprikasalat

Armer Matrose

Kartoffel-Leberwurst-Puffer

Zutaten

500 g Kartoffeln
150 g grobe Leberwurst
50 g Schinkenspeck
2 Eier
1 Zwiebel
Semmelbrösel
Olivenöl
Kümmel, Majoran
Salz, Pfeffer

Zubereitung

Die Kartoffeln schälen, würfeln und in Salzwasser mit etwas Kümmel weich kochen. Das Wasser abgießen und die Kartoffeln zu Brei zerstampfen. Speck ganz fein würfeln und in einer Pfanne auslassen. Herausnehmen, zu dem Kartoffelbrei geben und die fein gehackte Zwiebel im Speckfett glasig braten. Speckwürfel und gebratene Zwiebeln mit der Kartoffelmasse, der Leberwurst und den Eiern verkneten. Mit Salz, Pfeffer und dem Majoran abschmecken. Aus der Masse flache Küchlein formen, in Semmelbröseln wenden und in Olivenöl braun braten.

Dazu

Spiegeleier, Krautsalat und Brot

Rolling home

Aprikosenrollbraten

Zutaten

1 kg Putenrollbraten
250 g Aprikosen (frisch, getrocknet oder aus der Dose)
150 g Gewürzgurken
1/2 Tube scharfer Senf
1/4 l Weißwein
1 Becher Sahne
Olivenöl
Kräuter der Provence
Zitronensaft
eventuell Mondamin (Saucenbinder)
edelsüßes Paprikapulver
Salz, Pfeffer

Zubereitung

Den Senf mit 2 EL Olivenöl und Kräutern der Provence verrühren. Den Braten mit Salz, Pfeffer und Paprika einreiben, dann mit der Senfpaste bestreichen und zugedeckt 30 Minuten ziehen lassen. Dann das Fleisch in einem großen Topf von allen Seiten anbraten. Den Wein angießen und zugedeckt 45 Minuten schmoren. Danach klein geschnittene Aprikosen und Gewürzgurken zugeben, die Sahne einrühren und noch 15 Minuten im geschlossenem Topf köcheln lassen. Mit Zitronensaft abschmecken, eventuell mit etwas Mondamin binden.

Dazu

Kartoffeln, Nudeln oder Reis

Frische Brise

Hähnchenbrust mit Birnen-Zwiebelgemüse

Zutaten

4 doppelte Hähnchenbrustfilets (à 250 g)
2 große Gemüsezwiebeln
2 große Birnen
1 große Stange Porree
1/8 l Weißwein
1 Becher Sahne
Zitronensaft
Olivenöl
Salz, Pfeffer

Zubereitung

Die Hähnchenfilets salzen und pfeffern und im Olivenöl braten. Das Fleisch aus der Pfanne nehmen und in Alufolie gewickelt warm halten. Die Zwiebeln in große Stücke, den Porree in Ringe schneiden. Das Gemüse im Bratfett anbraten, mit dem Wein ablöschen und zugedeckt etwa 5 Minuten köcheln lassen. Die Sahne und die gewürfelte Birne dazugeben und erwärmen. Mit Zitronensaft, Salz und Pfeffer abschmecken und mit dem Fleisch servieren.

Leckere Ergänzung

Weißbrot, grüne Nudeln oder Kartoffeln

Pizza Kuhnle

Putenschnitzel vom Blech

Zutaten

1 kg Putenschnitzel
500 g Zucchini
500 g Tomaten
8 Knoblauchzehen
500 g Mozzarella
Olivenöl
Kräuter der Provence
Salz, Pfeffer

Zubereitung

Olivenöl mit Salz, Pfeffer und Kräutern der Provence verrühren. Die Putenschnitzel damit einpinseln und zugedeckt 2 Stunden ziehen lassen. Die Zucchini in 1 cm dicke Scheiben schneiden, auf dem gefetteten Backblech verteilen, salzen und pfeffern. Die Schnitzel darauf legen, die restliche Marinade darüber gießen. Dann die in Scheiben geschnittenen Tomaten auf dem Fleisch ausbreiten und mit dem gewürfelten Mozzarella bedecken. Nochmals salzen und pfeffern und im Backofen 30 Minuten lang backen.

Dazu

Frischer Weißwein

Tipp:

Flaschen kühlen

Flasche in ein nasses Handtuch einwickeln und im Fahrtwind an Deck stellen.

Piratenfurz

Hühnertopf mit Bohnen und Kartoffeln

Zutaten

8 Hähnchenschenkel
500 g weiße Bohnen (aus der Dose)
500 g Kartoffeln
4 Schalotten
4 Knoblauchzehen
1/4 l Brühe
1/8 l Weißwein
Olivenöl
Majoran
Thymian
Salz, Pfeffer

Zubereitung

Die gesalzenen und gepfefferten Hühnerschenkel in einem großen Topf im Olivenöl anbraten. Das Fleisch herausnehmen und in Alufolie warmhalten. Die fein gehackten Schalotten und Knofizehen im Bratfett glasig dünsten. Reichlich Kräuter, grob gewürfelte Kartoffeln und die Hähnchenbeine dazugeben, dann Brühe und Wein angießen. Zugedeckt etwa 15 Minuten köcheln lassen. Mit Salz und Pfeffer abschmecken, die Bohnen dazugeben und noch 5 Minuten ziehen lassen.

Dazu

Brot und Tomatensalat

Käpt'n Ahab

Kartoffeltopf mit Mais und Speck

Zutaten

500 g Kartoffeln
500 g Tomaten
250 g Frühstücksspeck
1 Dose Mais (ca. 300 g Abtropfgewicht)
2 Zwiebeln
4 Knoblauchzehen
Brühe
Petersilie
Salz, Pfeffer, Zucker

Zubereitung

Den in breite Streifen geschnittenen Frühstücksspeck in einer Pfanne auslassen und dann herausnehmen. Zwiebeln und Knofi in feine Scheiben schneiden und im Bratfett glasig dünsten. Rohe Kartoffeln in 1 cm dicke Scheiben schneiden, Tomaten grob zerkleinern, Mais abtropfen lassen. Kartoffeln, Tomaten und Mais zur Knofi-Zwiebel-Mischung geben. Etwas Brühe angießen und zugedeckt etwa 10 Minuten köcheln lassen, bis die Kartoffeln gar sind. Mit Salz, Pfeffer und etwas Zucker abschmecken und mit gehackter Petersilie servieren.

Dazu

Kräftiges Bauernbrot

Camem-Bird

Huhn in Käsesauce

Zutaten

2 kg Huhn in Teilen
1 Stange Porree
100 g Haselnüsse
250 g Camembert oder Brie
1 Becher Sahne
1/4 l Brühe
1/8 l Cognac
Olivenöl
Salz, Pfeffer

Zubereitung

Die Haselnüsse grob hacken, ohne Fett goldbraun rösten und zur Seite stellen. Die Hühnerteile salzen und pfeffern und im Olivenöl anbraten. Mit der Brühe begießen und 15 Minuten im offenen Topf köcheln lassen. Die Hühnerteile herausnehmen und warm halten. Den in Ringe geschnittenen Porree, den zerbröckelten Käse, Sahne und Cognac in die verbliebene Brühe geben und den Käse schmelzen lassen. Die Sauce mit Salz und Pfeffer abschmecken und über die Hühnchenteile gießen. Mit den Haselnüssen bestreuen.

Dazu

Nudeln und gedünsteter Brokkoli oder Blumenkohl

Kuhnlinaria

Überbackene Moussaka-Röllchen

Zutaten

Füllung	Pfannkuchen
500 g Hackfleisch	200 g Mehl
500 g Kartoffeln	1/2 l Milch
1 Zwiebel	4 Eier
4 Knoblauchzehen	Butter
4 Tomaten	Salz, Pfeffer
250 g Schafskäse (Feta)	
Olivenöl	
Salz, Pfeffer, edelsüßes Paprikapulver	

Zubereitung

Für die Eierkuchen Mehl, Milch und Eier verquirlen. Etwas Butter zerlassen und vorsichtig untermischen, mit Salz und Pfeffer abschmecken und 15 Minuten ruhen lassen. Für die Füllung die Kartoffeln ungeschält knapp gar kochen, pellen und würfeln. Gehackte Zwiebel und gehackten Knofi im Öl glasig werden lassen, das Hackfleisch dazugeben und krümelig braten. Die Kartoffelwürfel hinzufügen und ebenfalls anbraten (eventuell noch etwas Olivenöl zugeben). Mit Salz, Pfeffer und Paprika pikant würzen. Aus dem Eierkuchenteig in Butter 8 dünne Pfannkuchen backen. In die Mitte jedes Küchleins etwas Hack-Kartoffel-Masse geben, dann aufrollen und in eine gefettete Auflaufform legen. Mit in Scheiben geschnittenen Tomaten belegen, salzen und pfeffern. Den gewürfelten Fetakäse darauf verteilen und 25 Minuten lang backen, bis der Käse braun ist.

Dazu

Gar nix, macht pappsatt!

Rivvelländer

Kotelett mit Birnen-Sahne

Zutaten

4 Schweinekoteletts
500 g Birnen
1 Becher Sahne
1 Zitrone
Palmin
Salz, Pfeffer

Zubereitung

Die Koteletts salzen und pfeffern, dann in reichlich Palmin braten und in Alufolie gewickelt warm halten. Die geschälten, entkernten Birnen in dünne Spalten schneiden und im Bratfond 5 Minuten weich dünsten. Saft der Zitrone und die Sahne angießen, erwärmen, mit Salz und Pfeffer abschmecken. Die Sauce zum Fleisch servieren.

Dazu

Nudeln oder Kartoffelpüree oder -klöße

Mark Brandenburg

Leber mit Champignon-Kartoffelgratin

Zutaten

1 kg Rindsleber
1 kg Kartoffeln
250 g Champignons
100 g Mandelblättchen
4 Zwiebeln
4 Knoblauchzehen
1 Becher Sahne
1/8 l Weißwein
200 g geriebener Käse
Petersilie
Olivenöl, Butter
Instant-Brühe
Salz, Pfeffer

Zubereitung

Für das Gratin die ungeschälten Kartoffeln in Salzwasser knapp gar kochen, pellen, in etwa 1 cm dicke Scheiben schneiden und in einer gefetteten Auflaufform verteilen. Die blättrig geschnittenen Champignons im Olivenöl braten, dann die Mandelblätter dazugeben und bräunen. Die Sahne unterrühren und die Masse mit Instant-Brühe kräftig abschmecken. Dann die Champignoncreme über die Kartoffeln gießen. Mit geriebenem Käse bestreuen und mit Butterflöckchen belegen. Im Backofen 30 Minuten lang backen, bis der Käse kross ist. Die Leber in der Zwischenzeit in Olivenöl braten und in Alufolie gewickelt warm halten. Die in Scheiben geschnittenen Zwiebeln und Knofizehen im Bratfett bräunen und mit dem Weißwein ablöschen. Die weinselige Zwiebel-Knofi-Mischung salzen und pfeffern, über die Leber geben und mit dem Gratin servieren.

Dazu

Weißbrot

Sturmvogel

Erbsentopf mit Hähnchenschenkeln

Zutaten

8 Hähnchenschenkel
500 g tiefgekühlte grüne Erbsen
2 Möhren
1 Stange Porree
1 Zwiebel
4 Knoblauchzehen
1 kleine Dose geschälte Tomaten
1 Glas Weißwein
1/4 l Brühe
Olivenöl
Salz, Pfeffer
Petersilie

Zubereitung

Zwiebeln und Knofi fein hacken und im Olivenöl glasig dünsten. Dann klein geschnittene Möhren und Porree dazugeben und andünsten. Die noch gefrorenen Erbsen untermischen. Mit Weißwein und Brühe auffüllen und 5 Minuten im geschlossenen Topf köcheln lassen. Die Hähnchenschenkel salzen, pfeffern, etwa 10 Minuten in Olivenöl braten und in Alufolie gewickelt warm halten. Danach die Tomaten ohne Saft zu den Erbsen geben und heiß werden lassen. Das Erbsengemüse mit Salz und Pfeffer abschmecken, mit gehackter Petersilie bestreuen und mit den Hähnchenschenkeln servieren.

Dazu

Knuspriges Bauernbrot

Pommern-Blues

Kasseler mit Käsehaube

Zutaten

750 g Kasseler am Stück (ohne Knochen)
2 Stangen Porree
1 rote Paprikaschote
1 grüne Paprikaschote
250 g Champignons
4 Knoblauchzehen
250 g Tomatenpüree (aus der Dose)
1/4 l Weißwein
250 g geriebener Käse
Olivenöl
Salz, Pfeffer

Zubereitung

Das Fleisch im Weißwein im geschlossenen Topf 30 Minuten lang auf kleinster Hitze köcheln lassen. Das Kasseler herausnehmen und in Alufolie gewickelt warm halten, den Weinsud aufbewahren. Fein gehackten Knoblauch in Olivenöl glasig werden lassen. Dann klein geschnittenen Porree, gewürfelte Paprikaschoten und die halbierten Champignons dazugeben und anbraten. Den Weinsud und das Tomatenpüree untermischen und das Gemüse mit Salz und Pfeffer abschmecken. Das Fleisch in Scheiben schneiden und in einer gefetteten Auflaufform verteilen. Das Gemüse darüber geben und mit dem geriebenen Käse bestreuen. Im Backofen backen, bis der Käse eine goldbraune Kruste gebildet hat.

Dazu

Reis, Butternudeln oder Weißbrot

Bulette Henriette

Gefüllter Sellerie

Zutaten

4 kleine Sellerieknollen
500 g Hackfleisch
100 g Rosinen oder anderes Trockenobst
1 Zwiebel
4 Knoblauchzehen
2 Eier
4 EL Semmelbrösel
etwas Weißwein
1/2 l Brühe
150 g geriebener Käse
Salz, Pfeffer

Zubereitung

Das klein geschnittene Trockenobst in etwas Weißwein quellen lassen. Den geschälten Sellerie in Salzwasser halbweich kochen. Von den Knollen einen Deckel ab- und den Boden gerade schneiden, dann das Gemüse bis auf einen 1 cm breiten Rand aushöhlen, innen salzen und pfeffern. Das Hackfleisch mit dem abgetropften Trockenobst, fein gehackter Zwiebel und Knofi, den Eiern und den Semmelbröseln mischen und abschmecken. Die Fleischmasse in die Sellerieknollen füllen und die vier Deckelchen darauf setzen. Das gefüllte Gemüse nebeneinander aufrecht in eine gefettete Auflaufform setzen, die Brühe angießen und im Backofen 30 Minuten lang garen. Dann den geriebenen Käse auf den Sellerie streuen und das Gericht im Ofen so lange backen, bis die Oberfläche goldbraun ist.

Dazu

Ein Püree aus Kartoffeln und dem ausgehöhlten Selleriefruchtfleisch

Ankerwinde

Hackfleischröllchen

Zutaten

8 dünne Scheiben Rinderrouladenfleisch
200 g Hackfleisch
100 g passierte Tomaten
100 g Champignons
1 kleine Zwiebel
4 Knoblauchzehen
2 Eier
Semmelbrösel
1 Becher Crème fraîche
1/4 l Brühe
Olivenöl
Salz, Pfeffer
Holzzahnstocher

Zubereitung

Das Hackfleisch mit den passierten Tomaten, den klein geschnittenen Champignons, fein gehackter Zwiebel, Knofi und den Eiern verkneten. Mit Semmelbröseln binden und mit Salz und Pfeffer kräftig würzen. Die Mischung auf die gesalzenen und gepfefferten Rouladen streichen, diese aufrollen und mit Zahnstochern zustecken. Die Fleischröllchen in Olivenöl rundherum anbraten, dann die Brühe angießen und die Rouladen bei kleiner Flamme im geschlossenen Topf 25 - 30 Minuten schmoren lassen. Zum Schluss die Crème fraîche in den Bratfond rühren.

Dazu

Kartoffelklöße oder Semmelknödel und gedünstetes Gemüse

Tagliatelle alla Seetang

Bandnudeln mit Spinat

Zutaten

300 g Bandnudeln
1 großes Päckchen Tiefkühlspinat
2 Schalotten
4 Knoblauchzehen
50 g Rosinen
50 g Mandeln oder Pinienkerne
250 g Doppelrahmfrischkäse
Weißwein
2 TL Instant-Brühe
Olivenöl
Muskat
Salz, Pfeffer

Zubereitung

Die Mandeln oder Pinienkerne in einer Pfanne ohne Fett goldbraun rösten und zur Seite stellen. Die Rosinen klein schneiden und im Weißwein einweichen. Die fein gehackten Schalotten und Knofizehen im Olivenöl glasig dünsten. Den aufgetauten und gut ausgedrückten Spinat, den Frischkäse und die Rosinen in Weißwein dazugeben, zu einer cremigen Masse verrühren und warm werden lassen. Die cremige Sauce mit der Instant-Brühe, Salz, Pfeffer und reichlich Muskat abschmecken. In der Zwischenzeit die Bandnudeln in Salzwasser bissfest garen, abgießen, mit der Spinatsauce vermischen und die Mandeln oder Pinienkerne darüber streuen.

Dazu

Nur Brot und Weißwein, denn das Gericht macht ganz schnell und ganz doll satt und unheimlich glücklich!

Atoll de Knoll

Kartoffel-Auberginen-Gratin mit Münsterkäse

Zutaten

500 g Auberginen
500 g Kartoffeln
300 g Münsterkäse
Olivenöl
1 EL Majoran
1 EL Kümmel
Salz, Pfeffer

Zubereitung

Die Kartoffeln ungeschält garen, pellen und in kleine Würfel schneiden. Die Auberginen in 1 cm dicke Scheiben schneiden, mit Salz bestreuen und 30 Minuten ziehen lassen. Danach die Gemüsescheiben mit Wasser abspülen, gut trocken tupfen und in Olivenöl goldbraun braten. Aus der Pfanne nehmen und in Alufolie gewickelt warm halten. Die Kartoffelwürfel im Bratfett ebenfalls goldbraun braten, mit dem Majoran und dem Kümmel, Salz und Pfeffer würzen. Die Auberginenscheiben in einer gefetteten Auflaufform verteilen, dann die Kartoffelwürfel darauf geben. Den Käse klein schneiden und gleichmäßig auf den Kartoffeln verteilen. Im Backofen kurz überbacken bis der Käse zerlaufen und leicht gebräunt ist.

Dazu

Frisches Roggenbrot mit Butter

Bistro Finow

Bouillonkartoffeln mit Apfelkren

Zutaten

Kartoffeln
1 kg Kartoffeln
250 g kleine Zwiebeln
1 l Brühe
Butter
Salz, Pfeffer

Kren
500 g Äpfel
3 EL Meerrettich
2 TL Zucker
2 EL Zitronensaft
Butter

Zubereitung

Die geschälten Kartoffeln in 1 cm dicke Scheiben schneiden, die Zwiebeln schälen und halbieren. Beides in Butter anbraten, salzen und pfeffern. Dann mit der Brühe übergießen und im offenen Topf in etwa 10 Minuten gar kochen.

Inzwischen die geschälten und entkernten Äpfel in kleine Würfelchen schneiden und so lange in Butter dünsten, bis sie zerfallen. Das Obst mit einer Gabel zermusen. Dann Zucker, Zitronensaft und Meerrettich unterrühren und das Kren mit den Kartoffeln zu Tisch bringen.

Lecker

Fischfilets, mit Apfelscheiben in der Pfanne gebraten

Schwa(l)bennest

Süße Spätzle mit Sauerkirschen

Zutaten

250 g Spätzle
1 großes Glas Sauerkirschen
oder Schattenmorellen
50 g Mandelblättchen
1 TL Zimtpulver
Salz, Zucker
Speisestärke

Zubereitung

Die Mandelblättchen in einer Pfanne ohne Fett goldbraun rösten und beiseite stellen. Die Spätzle in reichlich Wasser mit etwas Zucker und Salz bissfest kochen, abgießen und in Alufolie warm halten. Die Kirschen mit dem Saft aus dem Glas aufkochen. Den Zimt einrühren und die Flüssigkeit mit etwas Stärke eindicken. Das Kirschkompott über die Spätzle geben und mit den Mandelblättchen bestreuen.

Dazu

Ein Likörchen...

Kuhnle-Kids

Süßer Brotauflauf

Zutaten

8 Scheiben Weißbrot
Marmelade oder Obstkompott
6 Eier
1 l Milch
4 EL Zucker
Butter

Zubereitung

Die Brotscheiben mit der Butter bestreichen und in einer gefetteten Auflaufform verteilen. Etwas Marmelade oder Obstkompott darauf verstreichen. Die Eier, Milch und Zucker miteinander verquirlen und über die Brotscheiben gießen. 30 Minuten ruhen lassen und dann im Backofen 45 Minuten lang backen.

Tipp:

Vorratshaltung

Nährmittel (Zucker, Mehl, Salz, Reis) hebt man am besten in Tupperdosen oder alten Marmeladengläsern mit Schraubverschluß auf. So können sie nicht feucht werden.

Schoko Bianco

Schokoladen-Reis-Auflauf mit Vanillesauce

Zutaten

Auflauf
100 g Rundkornreis
100 g Schokolade
1/2 l Milch
5 EL Zucker
50 g Butter
Salz

Vanillesauce
1/4 l Milch
1 Vanilleschote
3 EL Zucker
1 Eigelb
1 TL Mondamin
(Saucenbinder)

Zubereitung

Für den Auflauf die Milch mit einer Prise Salz und 3 EL Zucker aufkochen und den Reis darin bei kleinster Hitze im geschlossenen Topf 20 Minuten quellen lassen. Dann die Butter und die geriebene Schokolade untermischen. Die Masse in eine gefettete Auflaufform geben und mit dem restlichen Zucker bestreuen. Im Backofen 30 Minuten lang backen.

In der Zwischenzeit für die Sauce die aufgeschlitzte Vanilleschote in der Milch 2 Minuten köcheln lassen. Die Schote herausfischen, den Zucker und den mit etwas Wasser angerührten Saucenbinder einrühren und kurz eindicken lassen. Die Sauce etwas abkühlen lassen, dann das Eigelb untermischen und warm zum Auflauf servieren.

Dazu

Ein Obstsalat aus Bananen und Kirschen mit etwas Rum

EINKAUFSDOLMETSCHER

Eins	un	one
Zwei	deux	two
Drei	trois	three
Vier	quatre	four
Fünf	cinq	five
Sechs	six	six
Sieben	sept	seven
Acht	huit	eight
Neun	neuf	nine
Zehn	dix	ten
Elf	onze	eleven
Zwölf	douze	twelve
Dreizehn	treize	thirteen
Vierzehn	quatorze	fourteen
Fünfzehn	quinze	fifteen
Sechzehn	seize	sixteen
Siebzehn	dix-sept	seventeen
Achtzehn	dix-huit	eighteen
Neunzehn	dix-neuf	nineteen
Zwanzig	vingt	twenty
Dreißig	trente	thirty
Vierzig	quarante	forty
Fünfzig	cinquante	fifty
Sechzig	soixante	sixty
Siebzig	soixante-dix	seventy
Achtzig	quatre-vingt	eighty
Neunzig	quatre-vingt-dix	ninety
Hundert	cent	(a) hundred
Tausend	mille	(a) thousand

Einkaufsdolmetscher

Aal	anguille	eel
Alufolie	feuille d'aluminium	aluminium foil
Ananas	ananas	pineapple
Anis	anis	aniseed
Apfel	pomme	apple
Apfelwein	cidre	cider
Aprikosen	abricots	apricots
Auberginen	aubergines	eggplant
Bäckerei	boulangerie	bakery
Backpulver	levure chimique	baking-powder
Balsamicoessig	vinaigre de balsamique	balsamico
Banane	banane	banana
Barbe	rouget	barbel
Basilikum	basilic	basil
Bier	bière	beer
Birnen	poires	pears
blau	bleu	blue
Blumenkohl	chou-fleur	cauliflower
Bohnen	haricots	beans
Brasse	brème	bream
Bratbeutel	panier à frire	oven bags
Bratwurst	saucisson à frire	fried sausage
braun	brun/marron	brown
Brombeeren	mûres	blackberries
Brot	pain	bread
Brühe	bouillon	stock
Brustfilet	blanc de volaille	breast
Bund	bouquet	bundle
Butter	beurre	butter
Butterkäse	fromage de beurre	butter-cheese
Chillipulver/Cayennepfeffer	poivre de cayenne	chilli/cayennepepper
Crème fraîche	crème fraîche	crème fraîche
Curry	curry	curry
dick (Konsistenz)	èpais	thick
dick (Umfang)	gros	big

Dill	aneth	dill
doppelt	double	double
Dorsch	lieu	cod
Dose	boîte	tin
dünn (Konsistenz)	fluide/allongé	watery
dünn (Umfang)	mince	thin
durchwachsen	entrelardé/maigre	streaky
Dutzend	douzaine	dozen
Eier	oefs	eggs
Erbsen	petits pois	peas
Essig	vinaigre	vinegar
Fenchel	fenouil	fennel
Fisch	poisson	fish
Fischfilet	filet de poisson	filet of fish
Fischgeschäft	poissonerie	fishmarket
Flasche	bouteille	bottle
Fleischerei	boucherie	butcher
Forelle	truite	trout
frisch	fraïs	fresh
Frischkäse	fromages frais et doux	fresh and soft cheeses
Garnelen	crevettes	shrimps/prawns
Geflügel	volaille	poultry
gekocht	cuit	boiled
gelb	jaune	yellow
Gemüse	légumes	vegetables
gerieben	râpé	grated
getrocknet	sec	dried
Gewicht	poid	weight
Gewürzgurken	cornichons	pickled gherkin
Gewürznelken	girofle	cloves
Glas	verre	glass
Goldbarsch	perche d'or	golden perch
grob	gros	coarse
groß	grand	big/large
grün	vert	green
Gulasch	goulasch	goulash
Hackfleisch	viande hachée	minced meat
Haselnüsse	noisettes	hazelnuts
Hühnerfleisch	poulet	chicken
Ingwer	gingembre	ginger
Joghurt	yaourt	yogurt
Kabeljau	cabillaud	cod
Kapern	câpres	capers
Kartoffeln	pommes de terre	potatoes

Käse	fromage	cheese
Kichererbsen	pois chickes	chick peas
Kilogramm	kilo	kilo
Kirschen	cerises	cherries
klein	petit	small
Knoblauch	aïl	garlic
knusprig	croquant	cross/crisp
Kokos	noix de coco	coconut
Kompott	compote	stewed fruit
Kopfsalat	salade verte	lettuce
Koriander	coriandre	coriander
Korkenzieher	tire-bouchon	corkscrew
Kotlett	côtelette	chop
Krabben	crevettes	prawns/shrimps
Kräuter	herbes	herbs
Kräuter der Provence	herbes de provence	french herbs
Kümmel	cumin	caraway
kurz	court	short
Lachs	saumon	salmon
Lammfleisch	agneau	lamb
lang	long	long
Leber	foie	liver
Leberwurst	saucisson de foie	liver-sausage
Lende	longe	loin
Linsen	lentilles	lentils
Liter	litre	liter
Lorbeer	laurier	laurel
Mais	maïs	sweet corn
Majoran	marjolaine	marjoram
Makrele	maquereau	mackerel
Mandeln	amandes	almonds
Mango	mangue	mango
Marmelade	marmelade	jam
Matjes	hareng vierge	white herring
Mayonaise	mayonnaise	mayonaise
Meerettich	raifort	horse-radish
Mehl	farine	flour
Melone	melon	melon
Milch	lait	milk
mild	doux	mild
mittelscharf	condiment	medium hot
Möhren	carottes	carrots
Mozzarella	mozzarella	mozzarella
Muscheln	moules	mussels

Muskatnuss	noix de muscade	nutmeg
Nektarinen	nectarine	nectarine
Nudeln	nouilles, pâtes	noodels/pasta
Obst	fruits	fruit
ohne Knochen	sans os	without bones
Öl	huile	oil
Oliven	olives	olives
Olivenöl	huile d'olive	olive oil
Orangen	oranges	oranges
Paprikaschoten	poivrons	peppers
Paprikapulver	poudre de paprika	paprika
Petersilie	persil	parsley
Pfeffer	poivre	pepper
Pfifferlinge	chanterelles	chanterelles
Pfirsiche	pêches	peaches
Pfund	livre	pound
Pilze	champignons	mushrooms
Pinienkerne	pignons	pine nuts
Porree	poireau	leek
Portwein	porto	port
Putenfleisch/Truthahn	dinde/dindon	turkey
Quark	fromage blanc	quark/curd cheese
Räucherfisch	poisson fumé	smoked fish
Reis	riz	rice
Rindfleisch	boeuf	beef
roh	cru	raw
Rosinen	raisins secs	raisins
Rosmarin	romarin	rosemary
rot	rouge	red
Rotbarsch	perche rouge	red perch
rote Johannisbeeren	groseilles rouges	red currants
Rotwein	vin rouge	red wine
Saft	jus	juice
Sahne, süß	crème	single cream
Salami	salami	salami
Salatgurke	concombre	cucumber
Salbei	sauge	sage
Salz	sel	salt
sauer	aigre	sour
Schafskäse	fromage du brebis	feta-cheese
Schalotten	échalotes	shallots
scharf	pimenté	hot
Schaschlikspieße	brochettes	spits
Schinken	jambon	ham

Schinkenspeck	lard	bacon
Schnittlauch	ciboulette	chive
Schnitzel	escalope	cutlet
Schokolade	chocolat	chocolate
Scholle	plie	plaice
schwarz	noir	black
Schwarzbrot	pain complet (noir)	dark bread
Schweinefleisch	viande de porc	pork
Schwertfisch	espadon	sword-fisch
Seelachs	pollaque	pollack
Sellerie	céleri	celery
Semmelbrösel	chapelure	bread crumbs
Senf	moutarde	mustard
Sonnenblumenkerne	graines de tournesol	sunflower seeds
Soßenbinder (Stärke)	féculent	thickening granuls
Spinat	épinard	spinach
Stachelbeeren	groseilles vertes	gooseberries
Streichhölzer	allumettes	matches
Stück	morceau	piece
süß	sucré	sweet
Thunfisch	thon	tuna
Thymian	thym	thyme
tiefgekühlt	surgelé	frozen
Tomaten	tomates	tomatoes
Tomatenmark	concentré de tomates	concentrated tomato puree
Vanille	vanille	vanilla
Walnüsse	noix	walnuts
Wasser/Trinkwasser	eau/eau potable	water/drinking water
Weintrauben	raisins	grapes
weiß	blanc	white
Weißkohl	chou blanc	white cabbage
Weißwein	vin blanc	white wine
Wurst	saucisson/saucisse	sausage
würzig	épicé	spicy
Zahnstocher	cure-dents	toothpicks
Zander	sandre	pike-perch
zerdrückt/püriert	ecrasé/puré	mashed
Zimt	cannelle	cinnamon
Zitrone	citron	lemon
Zucchini	courgettes	courgettes
Zucker	sucre	sugar
Zwiebeln	oignons	onions

Register

Rezepte von A bis Z: Schnell gefunden

L/M/N

O/P/Q

R/S/T

V/W/Z

Tipp:

Feuer an Bord

Sollte die Pfanne beim Kochen oder Flambieren einmal Feuer fangen: Deckel drauf oder mit nassem Handtuch oder Brandschutzdecke ersticken. Niemals versuchen, mit Wasser zu löschen oder die brennende Pfanne über Bord kippen!

Register

Rezepte von Vorspeise bis Dessert

Vorspeisen und Salate

Eintöpfe und Suppen

Nudel-, Reis- und Kartoffelgerichte

Fisch und Meeresfrüchte

Geflügel

Tipp:

Frisch halten

Kräuter und ungeputzte Salate halten sich im Kühlschrank bis zu drei Tagen, wenn man sie in Frischhaltefolie einwickelt. Gemüse und Obst nicht übereinander lagern, sonst bekommt es Druckstellen und wird schnell faul. Von Möhren und Radieschen das Kraut entfernen. Angeschnittenes Gemüse hält sich länger, wenn man es mit der Schnittfläche auf ein feuchtes Küchentuch legt.

Rind, Schwein und Lamm

Pfannengerichte, Aufläufe, Eier- und Mehlspeisen

Vegetarisch

Desserts und Süßspeisen

Tipp:

Mückenstiche

Am Wasser fühlen sich nicht nur Bootfahrer wohl, auch Mücken leben hier gerne. Wenn einen zu viele der Plagegeister erwischt haben und der Kanal bis zur nächsten Apotheke noch lang ist, schneidet man eine Zwiebel in Scheiben und legt sie auf die juckenden Stellen.

Anzeige

Was ist wo am Wasser?

Alle Serviceeinrichtungen für Bootstörns zwischen Elbe und Oder sowie Peene und Usedom

- ✔ Tanken
- ✔ Schleusen
- ✔ Essen und Einkaufen
- ✔ Sport und Freizeit
- ✔ alle Anleger detailliert beschrieben

Die Törnplaner von Quick Maritim:

- ✔ Mecklenburgische und Märkische Gewässer
- ✔ Peene und Usedom

Portofrei zu bestellen unter Telefon (018 03) 32 32 64, www.quickmaritim.de oder im Buchhandel.

,Wer mit dem Boot auf den Mecklenburgischen und Märkischen Gewässern unterwegs ist, wird um diesen Reiseführer kaum herumkommen. Der Preis ist mehr als in Ordnung.' Yachtrevue 6/2000

Quick Maritim Medien

WC

Appetit auf Bootfahren?

Willkommen an Bord bei KUHNLE-TOURS, Deutschlands größtem Direktanbieter für Bootsferien. Wir bieten **Hausboote für 2 bis 12 Personen** auf den schönsten Gewässern von **Frankreich, Holland, Irland und Deutschland**.

Übrigens: Die Rezepte in diesem Buch wurden zum größten Teil auf unseren Booten und denen unserer Partnerfirmen entwickelt und ausprobiert.

Buchung und Info:
KUHNLE-TOURS GmbH
Nagelstraße 4
D-70182 Stuttgart
Tel. 018 03 - 32 32 64
Fax (07 11) 164 82-60
Email: info@kuhnle-tours.de
Internet: www.kuhnle-tours.com

KUHNLE-TOURS

Anleger für Anspruchsvolle

In unseren **fünf Rundtörn-Marinas** freuen wir uns auf Besuch von allen Bootseignern - sei es nur für eine Nacht oder auf Dauer!

- ✔ Marina Claassee (Müritz)
- ✔ Freizeitsteg Mirow (Mecklenburgische Kleinseen)
- ✔ Marina Malchin (Peene, Kummerower See)
- ✔ Anleger Parchim (Müritz-Elde-Wasserstraße)
- ✔ Bootshaus Zeuthen (Dahme, Berliner Gewässer)

Infomationen:
Rundtörn Marinas
Boekerstr. 1
D-17248 Rechlin (Müritz)
Tel. (03 98 23) 2 66 88
Fax (03 98 23) 2 66 28
Email: contact@rundtoern-marinas.de
Internet: www. rundtörn-marinas.de

RUNDTÖRN MARINAS